T0101296

HISTORIA
DE LA
IGLESIA
CRISTIANA

JESSE LYMAN HURLBUT

HISTORIA DE LA IGLESIA CRISTIANA
Edición en español por Editorial Vida
Copyright © 1999 por Editorial Vida

Publicado en inglés con el título:
The Story of the Christian Church
© 1967 por The Zondervan Corporation

Cubierta diseñada por: *Sarah Wenger*

RESERVADOS TODOS LOS DERECHOS.

ISBN - 978-0-8297-2003-7

CATEGORÍA: IGLESIA CRISTIANA / HISTORIA

Nota: Editorial Vida publicó este libro por primera vez en 1952.
Del mismo se realizaron veintiuna reimpresiones.
La edición actual se revisó en 1999

IMPRESO EN ESTADOS UNIDOS DE AMÉRICA
PRINTED IN THE UNITED STATES OF AMERICA

24 25 26 27 28 LBC 65 64 63 62 61

PREÁMBULO

Esta *Historia de la iglesia cristiana* es vívida y ardientemente evangélica. Condensado en unas cuantas páginas, en comparación con otros, se halla el luminoso relato de la institución más poderosa que ha bendecido a la humanidad. Aquí tenemos un volumen que es a la vez una historia para el lector en general y un libro de texto para el estudiante. Debiera tener gran demanda entre las Escuelas Dominicales y las Sociedades de Jóvenes. Centenares de clases y grupos estudiantiles encontrarán en ella un volumen ideal para un curso especial de estudio. Suplirá a los pastores del material para desarrollar un buen número de temas interesantes para las reuniones que se celebran a mediados de semana, y proporcionará inspiración para otras tantas reuniones de jóvenes. Reconozco la necesidad casi imperiosa de un libro como este, precisamente ahora.

De un modo superficial hombres y mujeres con motivaciones religiosas procuran alcanzar ahora un conocimiento más completo en cuanto al fundamento de su fe y a los primeros acontecimientos en la vida de la comunidad cristiana que, aunque olvidados o desconocidos, todavía afectan vitalmente nuestras presentes relaciones religiosas y sociales. Aquí, en pocas páginas, se contesta con sabiduría y de una manera práctica cualquier pregunta que pudiera hacerse en cuanto a la iglesia en general y sus partes constituyentes. Con las preguntas surge una corriente emocional de página en página que hace amena la lectura.

Daniel A. Poling

4

PREFACIO

En lo que respeta a la preparación de un libro encaminado a presentar en un número limitado de páginas la historia de una institución que ha existido durante veinte siglos, que se ha esparcido por todos los continentes de la tierra, que ha contado con grandes líderes y cuyo poder ha influido en millones incalculables de personas, el primer requisito es la adquisición de una *perspectiva* adecuada. En otras palabras, se debe tener la capacidad de reconocer cuáles fueron los acontecimientos y los líderes más relevantes, a fin de que se destaquen en la narración, como montañas en la llanura, y procurar omitir las disposiciones y los hombres de importancia secundaria, sin tener en consideración la influencia que al parecer ejercieron en su época. Las controversias en cuanto a doctrinas de difícil comprensión que conmovieron sucesivamente a la iglesia, provocando en ella profundos cismas, parecen ser, en su mayoría, de escasa importancia en la actualidad. Solo se bosquejaron las controversias de mayor envergadura. Aun así, esto se ha hecho a grandes rasgos.

En este manual son de interés básico el espíritu que animaba la iglesia, su tendencia, las causas que condujeron a acontecimientos de importancia histórica y, finalmente, la proyección y transcendencia de estos sucesos.

Durante la preparación de este volumen, constantemente se han tenido en cuenta dos grupos distintos de personas y se ha procurado adaptarlo a los deseos de ambos. A fin de que fuera un libro de texto para los estudiantes, ya sea en el estudio individual o en clases, esta obra se bosquejó con mucho cuidado. Además, las divisiones y subdivisiones se detallan al principio de cada período general.

Se ha procurado una narración uniforme, ininterrumpida por el título de los temas, a fin de que se lea como si fuera una historia. Si así lo desea, el lector puede seguir el bosquejo, pero no está obligado a ello. De esta manera se ha tratado de presentar, en un estilo ameno e interesante, un libro que sea exacto en sus declaraciones y que destaque los acontecimientos sobresalientes y a los líderes más ilustres.

Jesse Lyman Hurlbut

CONTENIDO

Bosquejo de los capítulos 1—5

Los seis períodos generales de la historia de la iglesia (capítulo 1)

I. La iglesia apostólica
   Desde la ascensión de Cristo (30 d.C.)
   hasta la muerte de San Juan (100 d.C.)

II. La iglesia perseguida
   Desde la muerte de San Juan (100 d.C.)
   hasta el edicto de Constantino (313 d.C.)

III. La iglesia imperial
   Desde el edicto de Constantino (313 d.C.)
   hasta la caída de Roma (476 d.C.)

IV. La iglesia medieval
   Desde la caída de Roma (476 d.C.)
   hasta La caída de Constantinopla (1453 d.C.)

V. La iglesia reformada
   Desde la caída de Constantinopla (1453 d.C.)
   hasta el fin de la guerra de los treinta años (1648 d.C.)

VI. La iglesia moderna
   Desde el fin de la guerra de los treinta años (1648 d.C.)
   hasta la actualidad

Primer período general: La iglesia apostólica

Desde la ascensión de Cristo: 30 d.C.
hasta la muerte de San Juan: 100 d.C.

I. La iglesia pentecostal (capítulo 2)
   Desde la ascensión de Cristo (30 d.C.)
   hasta la muerte de San Juan (100 d.C.)
   1. *Definición de la iglesia*
   2. *Su principio: El día de Pentecostés (30 d.C.)*
   3. *Su atributo: El Espíritu Santo*
      a. Iluminó

    b. Le dio poder

    c. Moró internamente

  4. *Su localidad: La ciudad de Jerusalén*

  5. *Sus miembros*

    a. Hebreos

    b. Judíos-griegos o helenistas

    c. Prosélitos

  6. *Sus líderes: San Pedro y San Juan*

  7. *Su gobierno: Por los doce apóstoles*

  8. *Sus doctrinas*

    a. Carácter mesiánico de Jesús

    b. Resurrección de Jesús

    c. Regreso de Jesús

  9. *Su testimonio evangélico*

10. *Sus milagros*

11. *Su espíritu de fraternidad: "Comunidad de bienes"*

    a. Voluntario

    b. Comunidad pequeña

    c. Gente escogida

    d. Esperaban el regreso de Cristo

    e. Un fracaso financiero

    f. Produjo males morales

12. *Único defecto de la iglesia pentecostal: falta de celo misionero*

II. Expansión de la iglesia (capítulo 3)
    Desde la predicación de Esteban (35 d.C.)
    hasta el concilio de Jerusalén (50 d.C.)

  1. *Predicación de Esteban*

  2. *Saulo persigue a la iglesia*

  3. *Felipe en Samaria*

  4. *Pedro en Jope y Cesarea*

  5. *Conversión de Saulo*

  6. *La iglesia en Antioquía*

  7. *Primer viaje misionero*

    a. Dos obreros trabajan unidos

    b. Un joven actúa como ayudante

    c. Grandes ciudades como campos de labor

    d. Comenzó en la sinagoga

    e. Visitar de nuevo las iglesias fundadas

Los seis períodos generales de la historia de la iglesia

Antes de adentrarnos en un estudio detallado de los diecinueve siglos en que la Iglesia de Cristo ha trabajado, situémonos imaginariamente sobre la cumbre de la visión y contemplemos, como en un paisaje, todo el campo que paso a paso tenemos que recorrer. Desde el punto de vista actual, en este asombroso siglo veinte, dirigimos la vista hacia el pasado y vemos elevarse aquí y allá sobre las planicies del tiempo, cual sucesivas cumbres, los grandes acontecimientos de la historia cristiana que sirven como puntos divisorios y que señalan, cada uno de ellos, la terminación de una época y el principio de otra. Enumeramos estos puntos decisivos y hallamos que son seis. Se tratan de los seis grandes períodos en la historia de la iglesia. En este capítulo inicial demos una ojeada general a estos períodos.

La cumbre que marca el punto de partida de la Iglesia de Cristo es el Monte de los Olivos, no muy lejos del muro oriental de Jerusalén. Aquí Jesucristo, cerca del año 30 d.C., después de resucitar de la tumba en el huerto, dio sus últimos mandamientos y luego ascendió a su trono celestial. Una pequeña compañía de judíos creyentes en su Señor ascendido como Mesías-Rey de Israel, se detiene por algún tiempo en Jerusalén, sin pensar para nada al principio en una iglesia fuera de los límites del judaísmo. Sin embargo, poco a poco ensanchan sus conceptos y ministerio hasta que la visión incluyó llevar a todo el mundo a los pies de Cristo. Bajo la dirección de San Pedro, San Pablo y sus sucesores inmediatos, la iglesia se estableció en el marco de dos generaciones en casi todos los países desde el Éufrates hasta el Tíber y desde el Mar Negro hasta el Nilo. El primer período termina con la muerte de San Juan, el último de los doce apóstoles sobre la tierra. Según se dice, su fallecimiento ocurrió alrededor del año 100 d.C. A esta época la llamamos "Período de la Edad Apostólica".

Durante el tiempo que siguió a la Edad Apostólica, período que abarcó más de doscientos años, la iglesia estuvo bajo la espada de la persecución. Fue así que durante todo el siglo segundo, el siglo tercero y parte del siglo cuarto, el más poderoso imperio de la tierra ejerció todo su poder para destruir lo que llamaban "la superstición cristiana". Durante siete generaciones, un noble ejército de mártires, por centenares de millares, alcanzaron su corona bajo los rigores del hacha, las fieras en la arena y la ardiente hoguera. Con todo, en medio de la más implacable persecución, los seguidores de Cristo crecieron en número hasta que comprendían, en público o en privado, casi la mitad de la población del Imperio Romano. Por último, un emperador cristiano ascendió al trono y mediante su edicto contuvo la oleada de matanzas.

Es evidente que los cristianos, por tanto tiempo oprimidos, al parecer de un solo salto pasaron de la prisión al trono. Esto se debió a que la iglesia perseguida llegó a ser la iglesia imperial. La cruz ocupó el lugar del águila como estandarte de la nación y convirtieron al cristianismo en religión del Imperio Romano. Una capital cristiana, Constantinopla, se levantó y desplazó a la antigua Roma. Sin embargo, cuando Roma dejó de ser pagana, empezó a levantarse como la capital de la iglesia. Las hordas bárbaras abatieron al Imperio Romano Occidental, pero a estos conquistadores los conquistó la iglesia y fundaron en Europa, no ya naciones paganas, sino cristianas.

Con la caída del Imperio Romano Occidental empieza el período de mil años conocido como la Edad Media. En sus inicios Europa se encontraba en un caos. Un continente de tribus que no lo restringía ningún poder central. Sin embargo, luego se organiza gradualmente en reinos. Vemos al obispo romano, como papa, haciendo esfuerzos por dominar no solo la iglesia, sino también al mundo. Asimismo, la religión y el imperio de Mahoma tratan de conquistar todos los países del cristianismo primitivo. Vemos, también, el establecimiento del Santo Imperio Romano y a sus emperadores guerreando con los papas. Observamos el movimiento romántico de las cruzadas en el vano esfuerzo por arrebatar Tierra Santa de sus dueños musulmanes. El despertamiento de la Europa con la promesa de una próxima reforma en la nueva era. Así como el final de la historia antigua con la caída de Roma y la historia medieval con la caída de Constantinopla.

Después del siglo quince, durante el cual despertó Europa, dio inicio el siglo dieciséis con la reforma de la iglesia. En esta etapa vemos a Martín Lutero clavando su declaración sobre la puerta de la catedral, haciendo su defensa ante el emperador y los nobles de Alemania y rompiendo los grillos de la conciencia de los hombres. Vemos a la iglesia de Roma dividida en dos debido a los pueblos de la Europa septentrional, quienes fundan sus propias iglesias nacionales de un carácter más puro. Sin embargo, también vemos el surgimiento de una Contrarreforma que comenzó en los países católicos y que frena el progreso de la Reforma. Finalmente, después de los terrores de una guerra civil de treinta años en Alemania, por la paz de Westfalia de 1648 se trazan permanentemente las líneas entre las naciones catolicorromanas y las naciones protestantes.

Asimismo estudiaremos los hechos más sobresalientes de los grandes movimientos que estremecieron a las iglesias y al pueblo en los últimos tres siglos en Inglaterra, Europa y América: puritano, wesleyano, racionalista, anglocatólico. Así como los movimientos misioneros modernos que han contribuido a la edificación de la iglesia de nuestros tiempos, que la han hecho, no obstante sus centenares de formas y nombres, en la iglesia a través de todo el mundo. Notaremos también el gran cambio que gradualmente ha transformado al cristianismo en los siglos diecinueve y veinte. Cambio que lo ha llevado a ser una poderosa organización, no solo para la gloria de Dios, sino también para el servicio de los hombres en reformas, en elevación social, en esfuerzos activos para el mejoramiento de la humanidad.

La iglesia apostólica

*Desde la ascensión
de Cristo (30 d.C.)
hasta la muerte de Juan
(100 d.C.)*

La iglesia pentecostal

Desde la ascensión de Cristo (30 d.C.)
hasta la predicación de Esteban (35 d.C.)

L a iglesia cristiana en toda época ya sea pasada, presente o futura, ha consistido y consiste en todos los que creen en Jesús de Nazaret como el Hijo de Dios, que le aceptan como Salvador personal de su pecado y que le obedecen como a Cristo, el Príncipe del Reino de Dios sobre la tierra.

La iglesia de Cristo comenzó su historia como un movimiento mundial el día de Pentecostés, a fines de la primavera del año 30 d.C.: cincuenta días después de la resurrección de nuestro Señor y diez días después de su ascensión. Durante el ministerio de Jesús, sus discípulos creyeron que él era el tan esperado Mesías de Israel, el Cristo. Estas dos palabras son idénticas; "Mesías", palabra hebrea, y "Cristo", palabra griega. Ambas significan "El Ungido", el "Príncipe del reino celestial". Sin embargo, aunque Jesús aceptó este título de sus seguidores inmediatos, les prohibió que proclamasen esta verdad al pueblo en general hasta que resucitase de entre los muertos. Durante los cuarenta días que siguieron a su resurrección les mandó, antes de que comenzaran a predicar su evangelio, que esperasen el bautismo del Espíritu Santo. Después de recibirlo serían sus testigos por todo el mundo.

En la mañana del día de Pentecostés, mientras los seguidores de Jesús (ciento veinte en número) estaban congregados orando, el Espíritu Santo vino sobre ellos de una manera maravillosa. Tan vívida fue la manifestación que vieron descender lenguas de fuego de lo alto que se asentaron sobre la cabeza de cada uno de los presentes. El efecto de este hecho fue triple: iluminó sus mentes, les dio un nuevo concepto del Reino de Dios, que no era un imperio político, sino un reino espiritual donde el Señor ascendido, aunque invisible, gobernaba activamente a todos los que le aceptaron por la fe y les dio poder al impartir a cada miembro un fervor de espíritu y un poder de expresión de modo que su testimonio era convincente para quienes lo escuchaban. Desde aquel día, este Espíritu divino ha morado en la iglesia como una presencia permanente, no en su organización ni maquinaria, sino como posesión de cada verdadero creyente conforme a la fe y consagración de cada uno. Desde el día en que se derramó el Espíritu Santo, el natalicio de la iglesia cristiana, a la confraternidad de los primeros años se le ha llamado "la iglesia pentecostal".

La iglesia empezó en la ciudad de Jerusalén y es evidente que se limitó a aquella ciudad y a sus alrededores durante los primeros años de su historia. Por todo el país, y sobre todo en la provincia septentrional de Galilea, había grupos de personas que creían en Jesús como el Mesías-Rey. Sin embargo, no nos ha llegado ninguna constancia de su organización ni reconocimiento como ramas de la iglesia. Las sedes generales de la iglesia en esa época primitiva eran el aposento alto en el monte de Sion y el pórtico de Salomón en el templo.

Todos los miembros de la iglesia pentecostal eran judíos y, hasta donde podemos percibir, ninguno de los miembros, ni aun los de la compañía apostólica, soñaban al principio que los gentiles podrían admitirse como miembros. Quizá imaginaron que el mundo gentil algún día se convirtiera en judío y después aceptara a Jesús como el Cristo. Los judíos de esa época eran de tres clases y todas estaban representadas en la iglesia de Jerusalén. Los hebreos eran los que sus antecesores habían habitado por varias generaciones en Palestina y eran de pura raza israelita. Al idioma que tenían se le llamaba "la lengua hebrea", que en el curso de los siglos había cambiado del hebreo clásico del Antiguo Testamento a lo que se le ha llamado un dialecto arameo o sirio-caldeo. Las Escrituras se leían en las sinagogas en el hebreo antiguo, pero un intérprete las traducía, frase por frase, en el lenguaje popular. Los judíos-griegos o helenistas eran judíos descendientes de la "dispersión". Es decir, judíos cuyo hogar o cuyos antecesores estaban en tierras extranjeras. Muchos de estos se establecieron en Jerusalén o en Judea y se constituyeron sinagogas para sus diversas nacionalidades. Después que Alejandro Magno conquistó el Oriente, el idioma griego se convirtió en la lengua principal de todos los países al este del mar Adriático y, hasta cierto punto, aun en Roma y por toda Italia. Debido a esto, a los judíos de ascendencia extranjera se les llamaban "griegos" o "helenistas", puesto que la palabra "heleno" significa "griego". Los helenistas, como pueblo, especialmente fuera de Palestina, eran la rama de la raza judía más numerosa, rica, inteligente y liberal. Los prosélitos eran personas de sangre extranjera que, después de renunciar al paganismo, abrazaban la ley judaica y entraban en la iglesia judía recibiendo el rito de la circuncisión. Aunque eran una minoría entre los judíos, se hallaban en muchas de las sinagogas por todas las ciudades del Imperio Romano y gozaban de todos los privilegios de los judíos. Los prosélitos deben distinguirse de "los devotos" o "temerosos de Dios", que eran gentiles que dejaron de adorar ídolos y asistían a la sinagoga. Sin embargo, no se circuncidaban, ni se proponían observar los minuciosos requisitos de las reglas judaicas. Por tanto, no se contaban entre los judíos aunque estos se mostraban amigables con ellos.

Una lectura de los primeros seis capítulos del libro de los Hechos demostrará que durante este período primitivo el apóstol Simón Pedro era el líder de la iglesia. En cada ocasión sale al frente como el proyectista, el predicador, el obrador de milagros y el defensor de la naciente iglesia. Esto no se debía a que Pedro fuera papa o gobernante divinamente nombrado, sino que era el resultado de su prontitud en decidir, su facilidad de expresión y su espíritu de líder. Al lado del práctico Pedro vemos al contemplativo y espiritual Juan que rara vez habla, pero que los creyentes lo tenían en gran estima.

A una iglesia relativamente pequeña en número, donde todos eran de una ciudad, de una raza, obedientes por completo a la voluntad de su Señor ascendido y en comunión con el Espíritu de Dios, no le hacía falta mucho gobierno. Los doce apóstoles administraban este gobierno y actuaban como un cuerpo, siendo Pedro su portavoz. Una frase en Hechos 5:13 da a entender el respeto que tanto creyentes como el pueblo tenían a los apóstoles.

Al principio, la teología o creencia de la iglesia era simple. La doctrina sistemática la desarrolló Pablo más tarde. Sin embargo, podemos ver en los discursos de Pedro tres doctrinas que resaltan de un modo prominente y que se consideran esenciales.

La primera y la mayor era el carácter mesiánico de Jesús. Es decir, que Jesús de Nazaret era el Mesías, el Cristo que por largo tiempo esperó Israel, que reinaba ahora en el reino invisible en los cielos. A quien cada miembro de la iglesia debía demostrar lealtad personal, reverencia y obediencia. Otra doctrina esencial era la resurrección de Jesús. En otras palabras, que Jesús había sido crucificado, había resucitado de los muertos y ahora vivía, como la cabeza de su Iglesia, para no morir jamás. La tercera de estas doctrinas cardinales era la Segunda Venida de Jesús. Es decir, que aquel que ascendió a los cielos, a su debido tiempo volvería a la tierra y reinaría sobre su Iglesia. Aunque Jesús había dicho a sus discípulos que del tiempo de su regreso a la tierra ni hombre, ni ángel, ni aun el Hijo mismo nada sabían, sino solamente el Padre. Con todo, la expectación era general de que su venida ocurriría pronto, aun en aquella generación.

El arma de la iglesia, por cuyo medio habría de llevar al mundo a los pies de Cristo, era el testimonio de sus miembros. Debido a que contamos con varios discursos pronunciados por Pedro, y ninguno durante este período por otros discípulos, podríamos suponer que Pedro era el único predicador. Sin embargo, una lectura cuidadosa de la historia muestra que todos los apóstoles y la iglesia testificaban del evangelio. Cuando la iglesia tenía ciento veinte miembros, y el Espíritu descendió sobre ellos, todos se convirtieron en predicadores de la Palabra. A medida que el número se multiplicaba, aumentaban los testigos. Pues cada miembro hablaba como un mensajero de Cristo sin haber distinción entre clérigos y laicos. A finales de este período encontramos a Esteban elevándose a tal eminencia como predicador, que aun los apóstoles son menos prominentes. Este testimonio universal influyó con poder en el rápido crecimiento de la iglesia.

Al principio de este grandioso esfuerzo, este puñado de gente sencilla necesitaba ayuda sobrenatural pues se proponía, sin armas ni prestigio social, transformar una nación, a pesar que tenía que afrontar los poderes de la iglesia nacional y del estado. Esta ayuda apareció en forma de grandes obras o maravillas. A los milagros apostólicos se les han designado como "las campanas que llaman al pueblo a la adoración". Leemos acerca de una obra de sanidad efectuada en la puerta del templo llamada la Hermosa, a esto le sigue de inmediato una multitud que escucha a Pedro y se rinde a Cristo. Tenemos asimismo el relato de un milagro de juicio, la muerte repentina de Ananías y

Safira después que Pedro los reprendiera. Este juicio constituyó una amonestación contra el egoísmo y la falsedad. Leemos del efluvio de poder divino en la curación de muchos enfermos. Este poder no se limitaba a Pedro ni a los apóstoles. También se menciona que Esteban realizó "prodigios y milagros". Estas obras poderosas llamaron la atención, motivaron la investigación y abrieron los corazones de las multitudes a la fe de Cristo.

El amor de Cristo que ardía en el corazón de esta gente hacía que también mostrara un amor hacia sus condiscípulos, una unidad de espíritu, un gozo en la comunión y, especialmente, un interés abnegado en los miembros necesitados de la iglesia. Leemos acerca de una entrega de propiedad de parte de los discípulos más ricos, tan general, como para sugerir el extremo del socialismo en una comunidad de bienes. Sin embargo, en cuanto a este aspecto de la iglesia pentecostal debe notarse que era por completo voluntario. No se hacía bajo la compulsión de la ley, ni los pobres demandaban la propiedad de los ricos, sino que estos espontáneamente daban a los pobres. Se puso a prueba en una comunidad pequeña, donde todos moraban en la misma ciudad. En un conglomerado altamente selecto, todos llenos del Espíritu Santo, aspiraban en su carácter a reproducir los principios del Sermón del Monte. Leemos, además, que esta práctica surgió con la esperanza del pronto regreso de Cristo, a cuya venida las posesiones terrenales ya no serían necesarias. Vemos que como experimento financiero fue un fracaso que pronto abandonaron y que dejó a la iglesia de Jerusalén tan pobre que por espacio de una generación se hicieron colectas en el extranjero para su subsistencia. También, que el sistema desarrolló sus propios males morales, como el egoísmo de Ananías y Safira. Aún estamos sobre la tierra y necesitamos el acicate del interés propio y de la necesidad. El espíritu de esta dádiva liberal es digno de encomio, pero su plan quizás no haya sido muy acertado.

En general, la iglesia pentecostal no tenía faltas. Era poderosa en fe y testimonio. Pura en su carácter y abundante en amor. Sin embargo, su singular defecto era la falta de celo misionero. Permaneció en su territorio cuando debió haber llevado el evangelio a otras tierras y a otros pueblos. Necesitaba el estímulo de la severa persecución para que la hiciera salir a desempeñar su misión mundial. A decir verdad, recibió tal estímulo.

La expansión de la iglesia

*Desde la predicación de Esteban (35 d.C.)
hasta el Concilio de Jerusalén (50 d.C.)*

Ahora entramos en una época de la historia de la iglesia cristiana que a pesar de su brevedad, solo quince años (35–50 d.C.), es de suma importancia. En ese tiempo se decidió la gran cuestión de si el cristianismo debía permanecer como una oscura secta judía o debía llegar a ser una iglesia cuyas puertas estuvieran abiertas para todo el mundo. Cuando empezó este breve período, el evangelio estaba limitado a la ciudad de Jerusalén y las aldeas a su alrededor. Cada miembro era israelita ya sea por nacimiento o por adopción. Cuando terminó, la iglesia estaba muy bien establecida en Siria y Asia Menor y comenzaba a extenderse hacia Europa. Además, sus miembros ya no eran exclusivamente judíos, sino que predominaban los gentiles. El idioma que se usaba en sus asambleas en Palestina era el hebreo o arameo. Sin embargo, entre su gente, el griego se hablaba en un área mucho mayor. Veamos ahora las sucesivas etapas de este movimiento en expansión.

En la iglesia de Jerusalén surgió una queja en el sentido de que en la distribución de fondos para los pobres, se descuidaban a las familias de los judíos griegos o helenistas. Los apóstoles convocaron a la iglesia en asamblea y propusieron que se eligiera una comisión de siete hombres para este servicio. Este plan se adoptó y, de los siete hombres escogidos, el primero que se nombró fue Esteban, "un hombre lleno de fe y del Espíritu Santo". Aun cuando se escogió para un trabajo secular, Esteban pronto llamó la atención como predicador. De la acusación en su contra cuando las autoridades judías lo arrestaron y del contenido de su mensaje en su enjuiciamiento, es evidente que Esteban proclamó a Jesús como Salvador, no solo a los judíos, sino también a los gentiles de toda nación. Esteban fue el primero en la iglesia en tener la visión de un evangelio para todo el mundo y fue eso lo que le llevó al martirio.

Entre los que escucharon a Esteban y se enojaron por sus palabras, del todo repugnantes a la mentalidad judía, estaba un joven de Tarso, de la costa del Asia Menor, llamado Saulo. Se educó en Jerusalén bajo el gran Gamaliel, quien era un rabí o maestro acreditado de la ley judaica. Saulo tomó parte en el asesinato de Esteban. De modo que, inmediatamente después de la muerte de este último, llegó a ser el jefe de una terrible persecución de los discípulos de Cristo. Arrestaba, ataba y azotaba tanto a hombres como a mujeres. En ese tiempo, la iglesia de Jerusalén se disolvió y sus miembros se esparcieron a otros lugares. Sin embargo, a dondequiera que iban, Samaria, Damasco o aun tan lejos como Antioquía de Siria, se constituían en predicadores del evangelio y establecían iglesias. De este modo, el fiero odio de Saulo se constituyó en un factor benéfico para la propagación de la iglesia.

En la lista de los siete hombres asociados con Esteban en la administración de los fondos para los pobres encontramos el nombre de Felipe, que debe distinguirse del otro Felipe, uno de los apóstoles. Después de la muerte de Esteban, Felipe encontró refugio entre los samaritanos, una gente mestiza, que no era judía ni gentil, pero que los judíos despreciaban. El hecho de que Felipe empezara a predicar a los samaritanos demuestra que se había liberado de sus prejuicios judíos. Felipe estableció una iglesia en Samaria que los apóstoles Pedro y Juan reconocieron debidamente. Esta fue la primera iglesia fuera del seno del judaísmo. Con todo, no era en sí una iglesia de miembros gentiles. Después de esto, Felipe predicó y fundó iglesias en las ciudades costaneras de Gaza, Jope y Cesarea. Estas ciudades eran gentiles, pero contaban con una gran población judía. Aquí el evangelio tendría necesariamente que entrar en contacto con el mundo pagano.

En sus viajes relacionados con la supervisión de la iglesia, Pedro llegó a Jope, ciudad situada en el litoral. Aquí resucitó a Tabita, o Dorcas, y permaneció por algún tiempo con otro Simón, que era curtidor. Al hospedarse en casa de un curtidor, Pedro demostraba que ya se había emancipado de las estrictas reglas de costumbres judaicas, pues los hombres de esa ocupación eran ceremonialmente "inmundos". El apóstol tuvo aquí una visión de un gran lienzo que descendía, el cual contenía toda clase de animales. Durante esa visión, Pedro oyó una voz: "Lo que Dios limpió, no lo llames tú común." Inmediatamente después llegaron mensajeros de Cesarea, cuarenta y ocho kilómetros al norte, pidiendo a Pedro que fuese a instruir a Cornelio, un devoto oficial romano. Pedro fue a Cesarea bajo la dirección del Espíritu, predicó el evangelio a Cornelio y a sus amigos y los recibió en la iglesia por el bautismo. El Espíritu de Dios testificó su aprobación divina por un derramamiento semejante al del día de Pentecostés. De esta manera se recibió la autorización divina para predicar el evangelio a los gentiles y aceptarlos en la iglesia.

En esta época, quizás un poco antes de que Pedro visitase Cesarea, a Saulo, el perseguidor, lo sorprendió una visión del Jesús ascendido cuando iba rumbo a Damasco. El que antes fuera el antagonista más terrible del evangelio, ahora se convertía en su más poderoso defensor. Su oposición fue especialmente severa en contra de la doctrina que eliminaba las barreras entre judíos y gentiles. Sin embargo, cuando se convirtió, Saulo adoptó de inmediato las ideas de Esteban. Incluso, superó a este en llevar hacia adelante el movimiento de una iglesia cuyas puertas estaban abiertas para todos los hombres, ya fuesen judíos o gentiles. En toda la historia del cristianismo ninguna conversión a Cristo trajo consigo resultados tan importantes al mundo entero como la de Saulo. Después de ser perseguidor, se transformó en el apóstol Pablo.

En la persecución que empezó con la muerte de Esteban, la iglesia en Jerusalén se esparció por todas partes. Algunos de sus miembros escaparon a Damasco, otros huyeron cuarenta y ocho kilómetros hasta Antioquía, la capital de Siria, de cuya gran provincia Palestina formaba parte. En Antioquía estos fugitivos iban a las sinagogas judías y allí daban su testimonio de Jesús como el Mesías. En cada sinagoga había un lugar separado para los adoradores gentiles. Muchos de estos escucharon el evangelio en Antioquía y abrazaron la fe de

Cristo. De modo que en esa ciudad se desarrolló una iglesia donde judíos y gentiles adoraban juntos disfrutando de los mismos privilegios. Cuando las noticias de esta situación llegaron a Jerusalén, la iglesia madre se alarmó y envió un representante para examinar esta relación con los gentiles. Por fortuna, la elección del delegado recayó en Bernabé, hombre de ideas liberales, gran corazón y generoso. Fue a Antioquía y, en lugar de condenar a la iglesia por su liberalidad, se regocijó con ella. Aprobó el movimiento y permaneció en Antioquía para participar en el mismo. Antes, ya Bernabé había demostrado su confianza en Saulo. Ahora fue al hogar de Saulo en Tarso, como a ciento sesenta y un kilómetros de Antioquía, en su mayor parte por agua, le trajo consigo a Antioquía y le hizo su compañero en la obra del evangelio. La iglesia en Antioquía se elevó a tal prominencia que fue allí donde por vez primera a los seguidores de Cristo se les llamó "cristianos". Este nombre no se los dieron los judíos, sino los griegos, y solo aparece tres veces en el Nuevo Testamento. En tiempo de hambre, los discípulos en Antioquía enviaron ayuda a los santos pobres en Judea, y sus líderes y maestros eran personas eminentes en la iglesia primitiva.

Hasta entonces los miembros gentiles de la iglesia eran solo los que pedían su admisión. Pero ahora, bajo la dirección del Espíritu Santo y por el nombramiento de los ancianos, los dos líderes más prominentes en la iglesia de Antioquía salieron en una misión evangelizadora a otras tierras. Procuraban alcanzar tanto a judíos como a gentiles con el evangelio. Al leer la historia de este primer viaje misionero, notamos que ciertas características en el esfuerzo llegaron a ser típicas en las siguientes empresas del apóstol Pablo. Se emprendió por dos obreros. Al principio se les menciona como "Bernabé y Saulo", luego se trata de "Pablo y Bernabé". Al final, "Pablo y su compañía", mostrando a Pablo como el líder espiritual. En cuanto al cambio de Saulo se puede decir lo siguiente: se acostumbraba que un judío tuviese dos nombres, uno israelita, el otro se usaba cuando la persona andaba entre los gentiles. Los dos misioneros llevaron consigo como ayudante a un hombre más joven, Juan Marcos, aunque este los abandonó a mediados del viaje. Escogieron como sus principales campos de labor las ciudades grandes. Visitaron Salamina y Pafo, en la isla de Chipre; Antioquía e Iconio, en Pisidia; y Listra y Derbe en Licaonia. Siempre que era posible, empezaban su obra predicando en la sinagoga porque allí todo judío tenía derecho de hablar. En especial, un rabí acreditado como Pablo, quien venía de la famosa escuela de Gamaliel, era siempre bien recibido. Además, a través de la sinagoga anunciaban el evangelio no solo a los judíos devotos, sino también a los gentiles temerosos de Dios. En Derbe, la última ciudad que visitaron, estaban muy cerca de Antioquía, donde comenzaron. Sin embargo, en lugar de pasar por las puertas de Cilicia y regresar a Antioquía, tornaron hacia el oeste y volvieron por el camino recorrido. Visitaron de nuevo las iglesias que fundaron en su viaje hacia el exterior y nombraron sobre ellas ancianos según el plan de la sinagoga. En todos los viajes que más tarde hiciera el apóstol Pablo, descubriremos que estos métodos de trabajo se mantuvieron.

En toda sociedad o grupo organizado, siempre hay dos clases representadas: los conservadores, que miran hacia el pasado; y los progresistas, que miran hacia el futuro. El elemento ultrajudío en la iglesia sostenía que no podía haber salvación fuera de Israel. De aquí que todos los discípulos gentiles debían circuncidarse y observar las reglas judaicas. Los maestros progresistas, encabezados por Pablo y Bernabé, declaraban que el evangelio era para judíos y gentiles bajo las mismas bases de fe en Cristo, sin tomar en cuenta la ley judaica. Entre estos dos grupos surgió una controversia que amenazó una división en la iglesia. Finalmente se celebró un concilio en Jerusalén para considerar la cuestión del estado de los miembros gentiles y establecer una regla para la iglesia. Es digno de notarse que en este concilio no solo estuvieron representados los apóstoles, sino los ancianos y "toda la iglesia". Pablo y Bernabé, con Pedro y Santiago, el hermano del Señor, participaron en el debate. La conclusión a que llegaron fue de que la ley solo ataba a los judíos y no a los gentiles creyentes en Cristo. Con esta resolución se terminó el período de transición de una iglesia cristiana judía a una iglesia para toda raza y país. Por lo tanto, el evangelio podía ahora seguir adelante en su constante expansión.

La iglesia entre los gentiles

Desde el Concilio de Jerusalén (50 d.C.) hasta el martirio de Pablo (68 d.C.)

Por la decisión del Concilio en Jerusalén, la iglesia quedó libre para iniciar una obra mayor destinada a llevar a toda la gente, de toda raza y de todo país, al reino de Jesucristo. Se esperaba que los miembros judíos de la iglesia continuasen en su obediencia a la ley judaica, aunque las reglas se interpretaban ampliamente por tales líderes como Pablo. Sin embargo, los gentiles podían entrar al redil cristiano mediante una fe sencilla en Cristo y una vida recta, sin someterse a requisitos legales.

Para nuestra información de los sucesos que siguieron en los próximos veinte años después del Concilio de Jerusalén, dependemos del libro de los Hechos, las cartas del apóstol Pablo y del primer versículo de la Primera Epístola de Pedro, que a lo mejor se refiere a países visitados por este apóstol. A estas fuentes de información pueden agregarse algunas tradiciones, que al parecer son auténticas, del período que vino a continuación de la época apostólica. El campo de la iglesia es ahora todo el Imperio Romano, que consistía de todas las provincias al margen del Mar Mediterráneo y también algunas tierras fuera de sus fronteras, en especial hacia el este. Veremos que sus miembros gentiles seguían aumentando y los miembros judíos disminuyendo. A medida que el evangelio ganaba adeptos en el mundo pagano, los judíos se alejaban de él y su odio se hacia cada vez más amargo. Durante esta época, casi en todas partes eran los judíos los que instigaban persecuciones en contra de los cristianos.

Durante aquellos años, tres líderes se destacan con prominencia en la iglesia. El principal es San Pablo, el viajero incansable, el obrero indómito, el fundador de iglesias y eminente teólogo. Después de San Pablo, San Pedro, cuyo nombre apenas aparece en los registros, pero que Pablo lo reconoció como una de las "columnas". La tradición nos cuenta que el apóstol Pedro estuvo por algún tiempo en Roma, encabezó la iglesia en esa ciudad y murió allí como mártir alrededor del año 67 d.C. El tercero de los nombres grandes de este período es el de Santiago, un hermano más joven de nuestro Señor y cabeza de la iglesia en Jerusalén. Era un fiel conservador de las costumbres judías y se le reconoce como líder entre los cristianos judíos. Sin embargo, no llegaba al extremo de oponerse a que el evangelio se predicase a los gentiles. Este apóstol escribió la Epístola de Santiago. Lo asesinaron en el templo alrededor del año 62 d.C. Así es que los tres líderes de este período, además de otros muchos menos destacados, dieron la vida como mártires de la fe.

La historia de estos años según aparecen en los últimos trece capítulos del libro de los Hechos solo informan de la obra del apóstol Pablo. Sin embargo, es de suponer que existieran muchos otros misioneros porque poco después del final de esta época, se mencionan iglesias en países que Pablo nunca visitó. El primer viaje de Pablo por alguna de las provincias interiores de Asia Menor ya se ha mencionado. Después del Concilio de Jerusalén, Pablo emprendió un segundo viaje misionero. Con Silas o Silvano de compañero, salió de Antioquía de Siria, visitó por tercera vez las iglesias en el continente fundadas en su primer viaje, llegó a la costa del mar Egeo, a Troas, el sitio de la antigua Troya, y luego se embarcó rumbo a Europa, llevando el evangelio a ese continente.

En la provincia de Macedonia, Pablo y Silas establecieron iglesias en Filipos, Tesalónica y Berea. Fundaron una pequeña grey en la ciudad de la cultura, Atenas, y una fuerte congregación en Corinto, la metrópoli comercial de Grecia. Desde Corinto Pablo escribió dos cartas a la iglesia de Tesalónica, siendo estas sus primeras epístolas.

Luego navegó hacia el este a través del mar Egeo para hacer una breve visita a Éfeso, en Asia Menor. Después fue por el Mediterráneo a Cesarea y llegó a saludar a la iglesia madre en Jerusalén. Luego, regresó a su punto de partida en Antioquía de Siria. En sus viajes de tres años, por tierra y mar, abarcó más de tres mil doscientos diecinueve kilómetros. Fundó iglesias en siete ciudades importantes y abrió, por así decirlo, el continente imperial de Europa para la predicación del evangelio.

Después de un breve período de descanso, Pablo empezó su tercer viaje misionero. Una vez más partió de Antioquía, pero destinado a terminar en Jerusalén como preso en manos del gobierno romano. Al principio su único compañero fue Timoteo, quien se le unió en su segundo viaje y quien permaneció hasta el fin como su fiel ayudante e "hijo en el evangelio". Sin embargo, un buen número de compañeros estuvieron con él antes del final de este viaje. Para comenzar, visitó las iglesias en Siria y Cilicia. Aquí, sin dudas, incluyó su lugar de nacimiento, Tarso. Luego pasó por su antigua ruta y visitó por cuarta vez las iglesias de su primer viaje. No obstante, después de cruzar la provincia de Frigia, en vez de volver hacia el norte a Troas, fue rumbo al sur a Éfeso, la metrópoli de Asia Menor. Aquí permaneció por más de dos años, la temporada más larga que residió en un mismo lugar durante todos sus viajes. Su ministerio tuvo gran éxito. El resultado no solo se manifestó en la iglesia de Éfeso, sino también en la propagación del evangelio por toda la provincia. Pablo fundó, directa o indirectamente, "las siete iglesias de Asia". De acuerdo a su método de volver a visitar las iglesias, de Éfeso navegó a Macedonia, visitó a los discípulos en Filipos, Tesalónica y Berea, también a los que estaban en Grecia. Al regresar, emprendió el viaje por la misma ruta para hacer una visita final a aquellas iglesias. Después navegó a Troas y de allí pasó por la costa de Asia Menor. En Mileto, el puerto de Éfeso, pidió que buscaran a los ancianos de esta iglesia y les dio un conmovedor discurso de despedida. Luego emprendió de nuevo su viaje a Cesarea y subió hacia Jerusalén. En esta ciudad terminó su tercer viaje misionero porque, mientras adoraba en el templo, el populacho judío lo atacó. Los soldados romanos lo rescataron y, para su propia seguridad, lo llevaron a la fortaleza llamada Antonia. El tercer viaje misionero fue tan largo como el segundo, excepto los cuatrocientos ochenta y tres kilómetros entre Jerusalén y Antioquía. Sus resultados más sobresalientes fueron la imponente iglesia de Éfeso y dos de sus epístolas más importantes. Una de estas fue a la iglesia de Roma en la que exponía los principios del evangelio según los predicaba él mismo. La otra fue a los Gálatas, dirigida a las iglesias de su primer viaje, donde los maestros judaizantes habían pervertido a muchos de los discípulos.

Después de su arresto, Pablo permaneció más de cinco años en la prisión: por poco tiempo en Jerusalén, luego tres años en Cesarea y, al menos, dos años en Roma. Podemos considerar este peligroso viaje de Cesarea a Roma como el cuarto viaje de San Pablo porque, aun en cadenas, Pablo era un misionero que hacía uso de toda oportunidad para predicar el evangelio de Cristo. La causa inmediata del viaje fue su petición, en calidad de ciudadano romano, de que el emperador de Roma lo juzgara. Sus compañeros fueron Lucas y Aristarco, que pudieron haber navegado como sus sirvientes o ayudantes. También iba a bordo un grupo de criminales convictos que los llevaban para Roma a fin de que murieran en los juegos de gladiadores, además de los soldados que los guardaban y la tripulación de la nave. Podemos estar seguros de que en esa larga y peligrosa travesía, todos estos compañeros de viaje del apóstol escucharon el evangelio. Así como en Sidón, Mira y Creta, donde la nave se detuvo, Pablo pudo proclamar a Cristo. Sabemos que convirtió a muchos en la isla de Melita (Malta), donde después de la tormenta se detuvieron tres meses.

Al fin Pablo llega a Roma, la ciudad que por muchos años fue la meta de sus esperanzas. Aunque se trataba de un preso en espera del proceso, tenía una casa alquilada donde vivía encadenado a un soldado. Su primer esfuerzo fue, como siempre, alcanzar a los judíos. Por lo tanto, celebró una reunión durante todo un día con ellos. Sin embargo, al comprobar que solo unos pocos estaban dispuestos a aceptar el evangelio, se volvió a los gentiles. Por espacio de dos años su casa fue una iglesia en la que muchos encontraron a Cristo, en especial entre los soldados de la guardia del Pretorio. Sin embargo, su obra mayor en Roma fue escribir cuatro epístolas que se cuentan entre los tesoros de la iglesia: Efesios, Filipenses, Colosenses y Filemón. Hay buena razón para creer que después de estar dos años en la prisión, Pablo fue absuelto y puesto en libertad.

Bien podemos considerar los tres o cuatro años de libertad de Pablo como la continuación de su cuarto viaje misionero. Encontramos alusiones o esperanzas de hacer visitas a Colosas y Mileto. Si estaba tan cerca de Éfeso, como lo estaban estos dos lugares, casi podemos estar seguros de que visitó esa ciudad. También visitó la isla de Creta, donde dejó a Tito a cargo de las iglesias; y Nicópolis en el mar Adriático, al norte de Grecia. La tradición declara que en este lugar lo arrestaron y enviaron de nuevo a Roma donde, en el año 68 d.C., sufrió el martirio. A este período pueden pertenecer tres epístolas: Primera de Timoteo, Tito y Segunda de Timoteo, su última carta, escrita desde su prisión en Roma.

En el año 64 d.C., un gran incendio destruyó gran parte de la ciudad de Roma. Se ha dicho que el fuego lo inició Nerón, el peor de todos los emperadores romanos, pero esto se discute. Es cierto que la opinión pública acusó a Nerón de este crimen. A fin de librarse, Nerón declaró que habían sido los cristianos los que incendiaron la ciudad. De esta manera dio comienzo a una terrible persecución. Torturaron y mataron a miles, entre ellos San Pedro, a quien crucificaron en el año 67 d.C., y San Pablo que murió decapitado en el año 68 d.C. Estas fechas no son muy seguras; los apóstoles pueden haber sufrido el martirio uno o dos años antes. Es una de las "venganzas de la historia" que en aquellos jardines de Nerón, donde quemaron a multitudes de cristianos como "antorchas vivas" mientras el emperador paseaba en su carruaje, son ahora el asiento del palacio del Vaticano, el hogar del pontífice catolicorromano y del templo de San Pedro, el edificio más grande de la fe catolicorromana.

Cuando se celebró el concilio de Jerusalén, 50 d.C., ningún libro del Nuevo Testamento se había escrito y la iglesia dependía, para su conocimiento de la vida y enseñanzas del Salvador, de las memorias de los primeros discípulos. Sin embargo, antes de finalizar este período, 68 d.C., una gran parte del Nuevo Testamento estaba en circulación, incluyendo los Evangelios de Mateo, Marcos y Lucas, las epístolas de San Pablo y Santiago, Primera de Pedro y tal vez Segunda de Pedro.

La edad sombría

Desde el martirio de Pablo (68 d.C.)
hasta la muerte de Juan (100 d.C.)

A la última generación del primer siglo, del 68 al 100 d.C., la llamamos "la edad sombría", en parte porque las tinieblas de la persecución estaban sobre la iglesia. Pero en especial porque, de todos los períodos de la historia, es del que menos sabemos. Ya no tenemos la clara luz del libro de Hechos para que nos guíe, ni ningún autor de esta época ha llenado el vacío en la historia. Nos gustaría leer acerca de la obra ulterior de los ayudantes de Pablo, tales como Timoteo, Apolos y Tito. Sin embargo, todos estos y los demás amigos de Pablo, al morir este, quedan fuera del registro. Después de la muerte de San Pablo, y durante cincuenta años, sobre la Iglesia pende una cortina a través de la cual en vano nos esforzamos por mirar. Cuando al final se levanta alrededor del año 120 d.C., con los registros de los padres primitivos de la iglesia, encontramos una iglesia muy diferente en muchos aspectos a la de los días de San Pedro y San Pablo.

La caída de Jerusalén en el año 70 d.C. trajo un gran cambio en la relación de cristianos y judíos. Entre las muchas provincias bajo el dominio de Roma, el único país descontento y desleal era Judea. Los judíos, al interpretar sus escritos proféticos, creían que estaban destinados a conquistar y gobernar al mundo. Al tener esa confiada esperanza, se sometían de mala gana al yugo de los emperadores romanos. Debe admitirse también que muchos de los procuradores o gobernadores romanos fracasaban por completo en comprender el carácter judío y eran innecesariamente ásperos en su trato. Alrededor de 66 d.C., los judíos se levantaron en abierta rebelión. Nunca tuvieron esperanzas de vencer. Pues, ¿qué podía hacer una de las provincias más pequeñas, cuyos hombres no estaban preparados para la guerra, en contra de un imperio de ciento veinte millones de personas con un cuarto de millón de soldados disciplinados y expertos? Además, los judíos mismos estaban divididos en grupos que peleaban y se mataban entre sí tan fieramente como con su enemigo común, Roma. Vespasiano, el principal general romano, condujo un gran ejército a Palestina. Pero Roma lo llamó para que ocupara el trono imperial y dejó la dirección de la guerra a su hijo Tito. Después de un terrible sitio, que se hacía más terrible por el hambre y la lucha civil dentro de los muros, tomaron y destruyeron la ciudad. Mataron a incontables millares de judíos y esclavizaron a otros muchos miles. El Coliseo de Roma se construyó mediante el trabajo forzado de los judíos cautivos. Incluso, multitudes de ellos murieron debido al intenso trabajo. La nación judía, después de una existencia de trece siglos, fue destruida. Su restauración se produjo el 15 de mayo de 1948.

Al caer Jerusalén perecieron pocos cristianos o quizás ninguno. De las declaraciones proféticas de Cristo, los cristianos recibieron amonestación, escaparon de la desdichada ciudad y encontraron refugio en Pella, en el valle del Jordán. Pero el gran efecto sobre la iglesia de esta destrucción fue que puso fin para siempre a toda relación entre el judaísmo y el cristianismo. Hasta este momento, el gobierno romano y el pueblo en general consideraba a la iglesia como una rama de la religión judaica. Sin embargo, de ahí en adelante los judíos y los cristianos se separaron. Una pequeña sección de judíos cristianos perseveró durante dos siglos, pero en número siempre menor. Se trataba de los ebionitas, un pueblo que la iglesia en general apenas lo reconocía y que los de su raza lo despreciaba por considerarlo apóstata.

Alrededor de 90 d.C., el cruel e indigno emperador Domiciano empezó una segunda persecución imperial de cristianos. Asesinó a miles de creyentes, sobre todo en Roma e Italia. Sin embargo, esta persecución, como la de Nerón, fue esporádica y local, no se extendió por todo el imperio. En este tiempo, a San Juan, el último de los apóstoles y quien viviera en Éfeso, lo prendieron y lo llevaron a la isla de Patmos, en el mar Egeo. Fue allí donde recibió la revelación que aparece en el último libro del Nuevo Testamento. Muchos eruditos, sin embargo, señalan que esta obra se escribió antes, alrededor de 69 d.C., poco después de la muerte de Nerón. Es probable que Juan muriera en Éfeso aproximadamente en 100 d.C.

Durante esta época se escribieron los últimos libros del Nuevo Testamento: Hebreos, tal vez Segunda de Pedro, las Epístolas y el Evangelio de Juan, Judas y Apocalipsis. Aunque el reconocimiento universal de estos libros como inspirados y canónicos vino más tarde.

Es curioso notar el estado del cristianismo a fines del primer siglo, más o menos setenta años después de la ascensión de Cristo. Para esta fecha ya había familias que durante tres generaciones fueron seguidores de Cristo.

A principios del siglo segundo se habían fundado iglesias en todos los países y en casi toda ciudad, desde el Tíber al Éufrates, desde el Mar Negro hasta el norte de África. Algunos creen que se extendía hasta España y Gran Bretaña, en el Occidente. Sus miembros ascendían a muchos millones. La bien conocida carta de Plinio al emperador Trajano, escrita alrededor del año 112 d.C., declara que en las provincias de Asia Menor al margen del Mar Negro, los templos de los dioses estaban casi abandonados y los cristianos eran en todas partes una multitud. Los miembros eran de todas las clases, desde las categorías más nobles hasta los esclavos, los cuales por todo el imperio sobrepasaban en número a la población libre. Sin embargo, en la iglesia el esclavo se trataba igual que al noble. Un esclavo podía ser obispo, mientras que su amo era un miembro regular.

Al final del siglo primero, toda la iglesia aceptó como reglas de fe las doctrinas expuestas por el apóstol Pablo en la epístola a los Romanos. Las enseñanzas de Pedro y Juan en sus epístolas demuestran un acuerdo completo con los conceptos de Pablo. Sin embargo, surgieron opiniones heréticas y comenzaron a formarse sectas, cuyos gérmenes los apóstoles descubrieron y expusieron, si bien su completo desarrollo vino más tarde.

El bautismo por inmersión era en todas partes el rito de iniciación en la iglesia. No obstante, hay mención definida en el año 120 d.C. de que ya el bautismo por aspersión era una costumbre. Por lo general, se observaba el día del Señor, aunque no en forma estricta, como un día absolutamente separado. Mientras que la mayor parte de la iglesia era judía, se observaba el sábado hebreo. Sin embargo, el primer día de la semana lo fue desplazando a medida que aumentaban los gentiles en la congregación. Vemos que antes de finalizar el ministerio de San Pablo, las iglesias se reunían el primer día de la semana. En Apocalipsis a ese día se le llama "el día del Señor". La Cena del Señor se observaba universalmente. Esta empezó a manera de un servicio en el hogar, como la Pascua judía, de la cual se originó. Pero entre las iglesias gentiles surgió la costumbre de celebrarse en una reunión de la iglesia. Se trataba de una cena a la que cada miembro traía su parte de provisión. San Pablo reprendió a la iglesia en Corinto por lo que trajo como resultado el abuso de este método de cumplimiento. Quizás debido a la persecución, al final del siglo la cena del Señor era en todas partes un servicio celebrado en el lugar de reunión de los cristianos, pero no en público. En esta celebración, que se tenía como un "misterio", solo se admitían los miembros de la iglesia. Se aprobó y expandió el reconocimiento del domingo de resurrección como aniversario de la resurrección de nuestro Señor, aunque en ese tiempo aun no se celebraba universalmente.

El último sobreviviente de los doce apóstoles fue San Juan, quien moró en Éfeso como hasta el año 100 d.C. No hay datos de que hubiese sucesores en ese oficio. Sin embargo, alrededor del año 120 d.C. se hace mención de "apóstoles" que al parecer eran evangelistas que viajaban entre las iglesias, pero sin autoridad. Es evidente que no se respetaban mucho porque a las iglesias se les recomendaba que no los hospedaran más de tres días. En Hechos y las últimas epístolas, los ancianos (presbíteros) y obispos se mencionan como si los dos títulos se aplicasen indistintamente a las mismas personas. Pero para el final del primer siglo aumentaba la tendencia de elevar a un obispo sobre sus compañeros ancianos, lo cual condujo más tarde al sistema eclesiástico. Los diáconos se mencionan en las últimas cartas de Pablo como oficiales de la iglesia. En la Epístola a los Romanos, escrita *ca.* 58 d.C., a Febe de Cencrea se le llama "diaconisa". Una referencia en 1 Timoteo puede que se haya hecho para mujeres que desempeñaban ese oficio.

El plan de culto en las asambleas cristianas se derivaba de aquel de las sinagogas judías. Se leían pasajes del Antiguo Testamento y de las cartas apostólicas, así como de los Evangelios. Se cantaban Salmos de la Biblia e himnos cristianos. Las oraciones, diferentes a las de las sinagogas, eran espontáneas. Se dirigían con toda libertad a los miembros y hermanos visitantes. Al final del servicio, a menudo se participaba de la Cena del Señor.

Al leer las últimas epístolas y el libro de Apocalipsis, encontramos entremezcladas luz y sombras en el relato de las iglesias. Las normas de carácter moral eran elevadas, pero el tono de la vida espiritual era inferior de lo que había sido en los días primitivos apostólicos. Sin embargo, en todas partes la iglesia era fuerte, activa, creciente y se levantaba a dominar en todos los ámbitos del Imperio Romano.

La iglesia perseguida

*Desde la muerte de Juan
(100 d.C.)
hasta el edicto de
Constantino (313 d.C.)*

Bosquejo de los capítulos 6—8

Segundo período general: La iglesia perseguida

Desde la muerte de San Juan: 100 d.C.
hasta el edicto de Constantino: 313 d.C.

I. Causas de las persecuciones imperiales (capítulo 6)
1. *Conducta inclusiva del paganismo y conducta exclusiva del cristianismo*
2. *Adoración de los ídolos entrelazada con la vida*
3. *Adoración al emperador*
4. *Judaísmo reconocido*
5. *Reuniones secretas de los cristianos*
6. *Igualdad en la iglesia cristiana*
7. *Intereses económicos*

II. Épocas de persecución (capítulo 6)
1. *Desde Trajano hasta Antonio Pío (96-161 d.C.)*
   Mártires: (a) Simeón (b) Ignacio
2. *Marco Aurelio (161-180 d.C.)*
   Mártires: (a) Policarpo (b) Justino Mártir
3. *Septimio Severo (193-211 d.C.)*
   Mártires: (a) Leonidas (b) Perpetua y Felícitas
4. *Decio (249-251 d.C.)*
5. *Valeriano (254-260 d.C.)*
   Mártires: Cipriano, Sexto (258 d.C.)
6. *Diocleciano (303-305) Galero (305-311 d.C.)*
   Edicto de Constantino (313 d.C.)

III. Formación del canon del Nuevo Testamento (capítulo 7)

IV. Desarrollo de la organización eclesiástica (capítulo 7)
Causas:
1. *Pérdida de la autoridad apostólica*
2. *Crecimiento y extensión de la Iglesia*
3. *Persecuciones imperiales*

4. *Desarrollo de sectas o herejías*
5. *Analogía del gobierno imperial*

v. Desarrollo de la doctrina (capítulo 7)
1. *Escuela de Alejandría*
2. *Escuela de Asia Menor*
3. *Escuela del Norte de África*

vi. Desarrollo de sectas o herejías (capítulo 8)
1. *Gnósticos*
2. *Ebionitas*
3. *Maniqueos*
4. *Montanistas*

vii. Condición de la iglesia (capítulo 8)
1. *Iglesia purificada*
2. *Enseñanza unificada de la iglesia*
3. *Organización de la iglesia*
4. *Crecimiento de la iglesia*

La iglesia perseguida (100–313 d.C.)

Primera parte

Las persecuciones imperiales.

El hecho más relevante en la historia de la iglesia en los siglos segundo y tercero fue la persecución que los emperadores romanos desplegaron contra el cristianismo. Aunque esta situación no fue continua, a menudo duraba varios años y propensa a que en cualquier momento estallara en formas terribles. En el siglo cuarto se prolongó hasta 313 d.C., cuando el edicto de Constantino, el primer emperador cristiano, puso fin a todos los intentos de destruir la iglesia de Cristo. Es sorprendente que durante este período algunos de los mejores y más sabios emperadores eran los más activos en la persecución del cristianismo. Sin embargo, la oposición de algunos de los peores emperadores era mínima o ninguna. Antes de narrar la historia, investiguemos algunos de los motivos que obligaban al gobierno, generalmente justo y que procuraba el bienestar de sus ciudadanos, a intentar por espacio de doscientos años a extirpar un cuerpo tan recto, tan obediente a la ley y tan conveniente como los cristianos. Puede señalarse un buen número de causas para el antagonismo de los emperadores al cristianismo.

El paganismo acogía las nuevas formas y objetos de adoración, mientras que el cristianismo las excluía. Donde los dioses ya se contaban por cientos, aun por miles, un dios más no se destacaba en nada. Cuando la gente de una ciudad o una provincia deseaba desarrollar el comercio o la inmigración, construía templos a los dioses que se adoraban en otros países para que los ciudadanos de esos otros países pudiesen tener un lugar de adoración. Es por eso que en Pompeya encontramos un templo a Isis, una diosa egipcia, construido para fomentar el comercio de Pompeya con Egipto. Esto hacía que los comerciantes egipcios se sintieran como en su propio país. El cristianismo, en cambio, se oponía a toda adoración excepto a la de su propio Dios. Un emperador deseó colocar una estatua de Cristo en el Panteón, un templo de Roma que todavía está en pie, donde se adoraban a todos los dioses importantes. Sin embargo, los cristianos rechazaron la oferta con desprecio. No querían que a su Cristo se le reconociese solo como *uno* entre muchos dioses.

La adoración al emperador se tenía como una prueba de lealtad. En algún lugar prominente de cada ciudad había una estatua del emperador reinante. Ante dicha imagen se ofrecía incienso como a un dios. Tal parece que en una de las primeras epístolas de Pablo hay una referencia velada a esta forma de idolatría. Los cristianos se negaban a rendir esta adoración, aun cuando era muy sencillo arrojar un poco de incienso sobre el altar. Debido a que cantaban himnos de alabanza y adoraban a "otro Rey, un tal Jesús", las multitudes los tenían por desleales y conspiradores de una revolución.

De alguna manera, se consideraba a la primera generación de cristianos relacionada con los judíos. A pesar de que estos vivían separados de las costumbres idólatras y ni siquiera comían en las fiestas de los ídolos, el gobierno reconocía al judaísmo como una religión permitida. Esta aparente relación preservó a los cristianos por algún tiempo de la persecución. Sin embargo, después de la destrucción de Jerusalén en el año 70 d.C., el cristianismo quedó solo sin leyes que protegiesen a sus seguidores del odio de sus enemigos.

Las reuniones secretas de los cristianos despertaban sospechas. Se reunían antes de la salida del sol o en la noche, a menudo en cuevas o catacumbas subterráneas. Circulaban falsos rumores de ritos lascivos o criminales que se llevaban a cabo entre ellos. Además, el gobierno autocrático del imperio sospechaba de todos los cultos o sociedades secretas, temiendo propósitos desleales. La celebración de la Cena del

Señor, de la cual se excluían a los extraños, a menudo era una causa de acusación y persecución.

El cristianismo no hacía distinciones entre los hombres. Tampoco lo hacía entre sus miembros ni en el trabajo que realizaban. Incluso, un esclavo se podía elegir como obispo en la iglesia. Esto era una ignominia para los nobles, los filósofos y las clases gobernantes. A los cristianos se les consideraban como "igualitaristas", anarquistas y trastornadores del orden social. Es decir, enemigos del estado.

Por cierto, a menudo los intereses económicos generaban o estimulaban el espíritu de persecución. A esto se debió que en Éfeso Pablo estuviera en peligro de muerte por el motín que provocó Demetrio el platero. También los gobernantes perseguían a los cristianos bajo la influencia de individuos cuyos intereses financieros se afectaban con el progreso de la iglesia. Por ejemplo, entre estos había sacerdotes y sirvientes laicos de los templos de ídolos, los que hacían imágenes, los escultores, arquitectos de templos y otros que se ganaban la vida mediante la adoración pagana. No era difícil elevar el grito de "¡Los cristianos a los leones!", cuando los hombres veían sus artes o profesiones en peligro, o cuando funcionarios codiciosos deseaban la propiedad de los cristianos ricos.

Durante los siglos segundo y tercero, y sobre todo en los primeros años del siglo cuarto, hasta el año 313 d.C., la religión cristiana estaba prohibida y sus partidarios sufrían proscripción. Sin embargo, la mayor parte del tiempo la espada de la persecución estaba envainada y apenas molestaban a los discípulos en sus observancias religiosas. Pero aun durante estos períodos de aparente calma cabía la posibilidad de un peligro repentino siempre que un gobernante creía conveniente ejecutar los edictos o cuando algún cristiano prominente daba su testimonio abiertamente y con valor. Hubo, sin embargo, varios períodos de corta o larga duración, en los que a través de todo el imperio la iglesia se exponía a la más fiera persecución. Las persecuciones en el primer siglo, por Nerón (66–68) y Domiciano (90–95), fueron sencillamente explosiones de frenesí y odio, sin ningún motivo excepto la ira de un tirano. Se producían en forma esporádica y no se prolongaban mucho. Sin embargo, desde el año 110 al 313 d.C., la iglesia estuvo sujeta a una serie sistemática e implacable de intentos gubernamentales puestos en práctica a través de todo el imperio para aplastar la fe siempre creciente.

Desde el reinado de Trajano al de Antonino Pío (96–161), el cristianismo no se reconoció, aunque tampoco se persiguió severamente. Bajo los emperadores Nerva, Trajano, Adriano y Antonino Pío, quienes con Marco Aurelio se les conoció como los "cinco buenos emperadores", no se podía arrestar a ningún cristiano sin una querella definida y comprobada. El espíritu de la época era más bien pasar por alto la religión cristiana. Con todo, cuando se formulaban cargos y los cristianos rehusaban retractarse, los gobernantes se veían obligados, aun en contra de su voluntad a poner en vigor la ley y ordenar su ejecución. Algunos mártires prominentes de la fe durante estos reinados fueron:

Simeón (o Simón; Marcos 6:3), el sucesor de Santiago como cabeza u obispo de la iglesia en Jerusalén. Este también, como aquel, fue un hermano menor de nuestro Señor. Se dice que llegó a una edad avanzada. Lo crucificaron en 107 d.C. por orden del gobernador romano de Palestina, durante el reinado de Trajano.

Ignacio, obispo de Antioquía en Siria, estaba más que dispuesto a ser un mártir. En su camino a Roma escribió cartas a las iglesias esperando no perder el honor de morir por su Señor. Lo arrojaron a las fieras en el anfiteatro romano en 108 ó 110 d.C. Aunque la persecución durante estos reinados fue menos severa de la que se desató sobre la iglesia poco después, hubo muchos mártires además de estos dos hombres distinguidos.

El mejor de los emperadores romanos y uno de los más prominentes escritores de ética fue Marco Aurelio, quien reinó de 161 a 180 d.C. Su estatua ecuestre aún está en pie en el lugar de la antigua capital de Roma. Sin embargo, este buen hombre y recto gobernante, fue un encarnizado perseguidor de los cristianos. Procuró restaurar la antigua sencillez de la vida romana y con ella la religión antigua. Se oponía pues a los cristianos como innovadores. Muchos miles de creyentes en Cristo eran decapitados o devorados por las fieras hambrientas en la arena. Entre la multitud de mártires de estos años, solo mencionaremos dos.

Policarpo, obispo de Esmirna en Asia Menor, murió en 155 d.C. Cuando lo llevaron ante el gobernador y lo instaron a maldecir el nombre de Jesucristo, contestó: "Ochenta y seis años le he servido y todo lo que me ha hecho es bien, ¿cómo podría maldecirle? ¡Mi Señor y Salvador!" Lo quemaron vivo en la hoguera.

Justino Mártir fue un filósofo que continuó enseñando después de aceptar el cristianismo. Se trataba de uno de los hombres más capaces de su época y uno de los principales defensores de la fe. Sus libros, aún existentes, ofrecen mucha valiosa información acerca de la iglesia a mediados del segundo siglo. Su martirio ocurrió en Roma en 166 d.C.

Después de la muerte de Marco Aurelio, 180 d.C., siguió un período de confusión. Los débiles e indignos emperadores se ocupaban tanto de las guerras civiles o de sus propios placeres, que no prestaban mucha atención a los cristianos. Sin embargo, Septimio Severo empezó en 202 d.C. una terrible persecución que duró hasta su muerte en 211 d.C. Severo tenía una naturaleza morbosa y melancólica. Fue muy riguroso en administrar disciplina y procuraba en vano restaurar las decadentes religiones de otros tiempos. En todas partes, la persecución contra la iglesia hacía estragos, pero era más severa en Egipto y en el norte de África. Leonidas, el padre del gran teólogo Orígenes, murió decapitado en Alejandría. En 203 d.C., las fieras hicieron pedazos a Perpetua, una mujer noble de Cartago, y a Felícitas su fiel esclava. Tan cruel era el espíritu del emperador Septimio Severo, que muchos escritores cristianos lo consideraron el anticristo.

Bajo los numerosos emperadores que siguieron en rápida sucesión, la iglesia quedó en el olvido durante cuarenta años. En todo el imperio, el emperador Caracalla (211–217) confirmó la ciudadanía a cada persona que no fuera esclava. Por cierto, un beneficio para los cristianos, pues ya no podían crucificarlos ni arrojarlos a las fieras, a no ser que fuesen esclavos. Pero, con el reinado de Decio (249–251), se volvió a desatar una terrible persecución. Por fortuna, su reinado fue muy corto y con su fallecimiento cesó por un tiempo el aniquilamiento de cristianos.

Después de la muerte de Decio, siguieron más de cincuenta años de relativa calma, aunque a veces había breves períodos de persecución. En una de esas épocas, en 257 d.C. y bajo Valeriano, murió el célebre Cipriano, obispo de Cartago y uno de los grandes escritores y líderes de la iglesia en ese período, así como el obispo romano Sexto.

La última y más sistemática y terrible de todas las persecuciones fue durante el reinado de Diocleciano y sus sucesores, de 303 a 310 d.C. En una serie de edictos se ordenó: quemar cada ejemplar de la Biblia, derribar las iglesias levantadas por todo el imperio durante el medio siglo de relativa calma, quitar la ciudadanía a quienes no renunciasen a su religión cristiana y dejarlos sin la protección de la ley. En algunos lugares reunían a los cristianos en sus templos y los incendiaban. Así perecían los creyentes dentro de sus paredes. Se dice que el emperador Diocleciano erigió un monumento con la inscripción: "En honor de la exterminación de la superstición cristiana."* Sin embargo, veinticinco años después el cristianismo se convirtió en la religión oficial del emperador, de la corte y del imperio. Los inmensos Baños de Diocleciano en Roma se construyeron mediante trabajo forzado de esclavos cristianos. Sin embargo, doce siglos después de Diocleciano, Miguel Ángel transformó una parte del edificio en la Iglesia de Santa María Degli Angeli, consagrada en 1561 d.C., que todavía se usa para la adoración catolicorromana. Diocleciano abdicó al trono imperial en 305 d.C., pero sus subordinados y sucesores, Galerio y Constancio, siguieron la persecución durante seis años. Constantino, el hijo de Constancio, como coemperador y quien para ese tiempo no profesaba ser cristiano, expidió su memorable Edicto de Tolerancia en 313 d.C. Por esta ley se aprobó el cristianismo, su adoración se legalizó y toda persecución cesó para no volverse a renovar mientras duró el Imperio Romano.

---

* Esta declaración, aunque hecha por muchos historiadores, descansa sobre evidencias inciertas y quizá no sea auténtica.

La iglesia perseguida (100–313 d.D.)

Segunda parte

Formación del canon del Nuevo Testamento.
Desarrollo de la organización eclesiástica.
Desarrollo de la doctrina.

Mientras que el hecho sobresaliente en la historia de la iglesia en los siglos segundo y tercero fueron las persecuciones imperiales, se puede decir por otra parte que se producían grandes adelantos en la condición, organización y vida de la comunidad cristiana. Consideraremos ahora algunos de estos.

Ya hemos visto que los escritos del Nuevo Testamento se terminaron poco después del principio del segundo siglo, quizás en 110 d.C. Sin embargo, el establecimiento de estos libros, y solo de estos como el canon o regla de fe con autoridad divina, no fue inmediato. No todos estos libros se aceptaban en todas partes como Escritura inspirada. Algunos de ellos, especialmente Hebreos, Santiago, Segunda de Pedro y Apocalipsis, los aceptaron en Oriente, pero por muchos años los rechazaron en Occidente. Por otra parte, algunos libros que hoy no se consideran parte de la Biblia también se aceptaban y leían en el Oriente, tales como el Pastor de Hermas, la Epístola de Bernabé, la Enseñanza de los Doce Apóstoles y el Apocalipsis de

Pedro. Gradual y lentamente los libros del Nuevo Testamento, como hoy los tenemos, alcanzaron la prominencia de Escrituras inspiradas y los demás libros poco a poco perdieron vigencia en las iglesias. Los concilios que se celebraban de tiempo en tiempo no *escogieron* los libros para formar el canon. Más bien los concilios ratificaron la elección ya hecha por las iglesias. No puede darse ninguna fecha precisa del completo reconocimiento del Nuevo Testamento tal como lo tenemos en la actualidad, pero no puede fijarse antes del año 300 d.C. Cualquiera que lea el volumen de "El Nuevo Testamento Apócrifo", y compare su contenido con nuestro Nuevo Testamento, verá de inmediato por qué estos libros se rechazaron finalmente del canon.

Mientras vivieron los primeros apóstoles, el respeto general hacia ellos como elegidos de Cristo, fundadores de la iglesia y hombres dotados de inspiración divina, los convertían en los indiscutibles líderes y gobernantes de la iglesia, hasta donde era necesario el gobierno. Cuando Lucas escribió Hechos y Pablo escribió a los Filipenses y a Timoteo, los títulos "obispos" y "ancianos" (presbíteros) se aplicaron libremente a los mismos funcionarios de la iglesia. Sin embargo, sesenta años después, alrededor de 125 d.C., encontramos que los obispos estaban por doquier gobernando la iglesia. Cada uno mandaba en su propia diócesis con presbíteros y diáconos bajo su autoridad. Como en el año 50 d.C., el Concilio de Jerusalén estaba compuesto de "apóstoles y ancianos", y expresaba la voz de toda la iglesia, tanto de ministros (si acaso los había, lo cual es dudoso) y de laicos. Pero durante el período de persecución, sin duda después de 150 d.C., solo los obispos eran los que celebraban los concilios y dictaban las leyes. La forma episcopal de gobierno llegó a ser dominante y universal. No hay historia de ese tiempo que nos diga los pasos conducentes a este cambio de organización, pero no es difícil encontrar sus causas.

La pérdida de la autoridad apostólica hizo necesario elegir nuevos líderes. Los grandes fundadores de la iglesia, Pedro, Pablo, Santiago (el hermano del Señor) y Juan, el último de los apóstoles, habían muerto sin dejar hombres de su talla que les sucedieran. Después de morir Pedro y Pablo, y durante cincuenta o sesenta años, la historia de la iglesia está en blanco. No sabemos qué hicieron hombres como Timoteo, Tito y Apolos. Aunque, una generación después, aparecen nuevos nombres como obispos con autoridad sobre sus diferentes diócesis.

El crecimiento y el alcance que tuvo la iglesia hizo necesarias la organización y la disciplina. Mientras las iglesias se limitaban a las regiones donde podían recibir visitas ocasionales de los apóstoles, pocas autoridades hacían falta. Sin embargo, cuando la iglesia llegó a ser tan vasta, y aun más que el imperio, llegando hasta Partia y las fronteras de India, abarcando muchos países y razas, se comprendió la necesidad de un líder para las diferentes secciones.

La persecución, un peligro común, unificó a las iglesias y ejerció su influencia hacia la unión y el gobierno. Cuando en cualquier tiempo los poderes del estado se alineaban en contra de la iglesia, se comprendía la necesidad de dirección eficiente. Surgían los líderes para la ocasión. De modo que la necesidad que duró siete generaciones hizo que la forma de gobierno fuese permanente.

El nacimiento de sectas y herejías en la iglesia hizo que fuesen absolutamente necesarios algunos artículos de fe y cierta autoridad para ponerlos en vigor. Veremos en este capítulo algunas de las divisiones doctrinales que amenazaron la existencia misma de la iglesia. También veremos cómo las controversias sobre las mismas despertaron la imperativa demanda de disciplina para enfrentar a los herejes y asegurar la unidad de la fe.

Al inquirir por qué se adoptó esta forma particular de gobierno, es decir, un gobierno de mayor jerarquía antes que uno ejercido por el ministerio en un plano de igualdad, encontramos que la analogía del gobierno imperial proporcionó un plan que con naturalidad se siguió en el desarrollo de la iglesia. El cristianismo no se levantó en una república donde los ciudadanos escogen a los gobernantes, sino en un imperio gobernado por autoridad. De ahí que, como hacía falta algún gobierno para la iglesia, por dondequiera surgía una forma algo autocrática. Es decir, el gobierno por obispos, a lo cual la iglesia se sometía de voluntad, estando acostumbrada al mismo gobierno en el estado. Sin embargo, es un hecho digno de notarse que, durante todo el período que estamos considerando, ningún obispo reclamó para sí autoridad de carácter universal (autoridad sobre los obispos) como más tarde lo hizo el obispo de Roma.

Otra característica distintiva de este período fue el desarrollo de la doctrina. En la época apostólica la fe era del corazón, una rendición personal de la voluntad a Cristo como Rey y Señor, una vida de acuerdo con su ejemplo debido a que el Espíritu moraba internamente. Sin embargo, en el período que estudiamos ahora, la fe poco a poco llegó a ser mental, una fe del intelecto. Una fe que creía en un sistema de doctrina riguroso e inflexible. Se enfatizaba la sana doctrina, antes que la vida espiritual. Las normas del carácter cristiano eran aun elevadas y la iglesia tenía muchos santos enriquecidos por el Espíritu Santo. No obstante, la doctrina se convertía cada vez más en la prueba del cristianismo. "El credo de los apóstoles", la más antigua y sencilla declaración de fe cristiana, se compuso durante este período. Surgieron tres grandes escuelas de teología: en Alejandría, en Asia Menor y en el norte de África. Estas escuelas se establecieron para instruir a los que venían de hogares paganos y habían aceptado la fe cristiana, pero pronto se desarrollaron en centros de investigación de las doctrinas de la iglesia. Grandes maestros estaban asociados con estas escuelas.

La escuela en Alejandría se fundó como en 180 d.C., por Panteno, ex filósofo estoico, pero como cristiano era eminente por el fervor de su espíritu y la elocuencia en la enseñanza oral. Solo breves fragmentos de sus escritos sobrevivieron. Le sucedió Clemente de Alejandría (150 a 215 d.C. aproximadamente). Varios de sus libros, casi todos en defensa del cristianismo contra el paganismo, aún existen. Aunque el más grande de la escuela Alejandrina, y el expositor más capaz de todo el período fue Orígenes (185–254 d.C.), quien enseñó y escribió sobre muchos temas, mostrando gran saber y poder intelectual.

La escuela de Asia Menor no radicaba en un solo centro, sino que consistía de un grupo de maestros y escritores de teología. Su gran representante fue Ireneo que "combinó el celo del evangelista con la habilidad del escritor consumado". Sus últimos años los pasó en Galia, Francia, fue obispo y murió como mártir alrededor de 200 d.C.

La escuela del norte de África estaba en Cartago que, por medio de una serie de escritores y teólogos capaces, hizo más que cualquiera de las otras escuelas para darle forma al pensamiento teológico de Europa. Los dos nombres más grandes de esta escuela fueron los del brillante y fervoroso Tertuliano (160–220 d.C.) y el de Cipriano, el más conservador pero hábil obispo que murió como mártir en la persecución bajo Decio (258 d.C.).

Los escritos de estos eruditos cristianos, junto a otros muchos asociados e inspirados por ellos, han sido de un valor inestimable. Se consideran como nuestra fuente de información original sobre la iglesia, su vida, sus doctrinas y su relación al mundo pagano que le rodeó durante los siglos de persecución.

La iglesia perseguida (100–313 d.C.)

Tercera parte
Desarrollo de sectas y herejías.
Condición de la iglesia.

A la par del desarrollo de la doctrina teológica estuvo el nacimiento de las sectas o herejías, como se las llamaban, en la iglesia cristiana. Mientras que la iglesia era judía por sus miembros, y aun después a medida que la regían hombres del tipo judío tales como San Pedro y San Pablo, había solo una leve tendencia hacia el pensamiento abstracto y especulativo. No obstante, cuando la iglesia estuvo compuesta en su mayoría por griegos, y en especial los griegos místicos y tendenciosos de Asia Menor, surgieron toda clase de opiniones y teorías que se desarrollaron con fuerza en la iglesia. Los cristianos de los siglos segundo y tercero no solo lucharon en contra de un mundo pagano y adverso, sino también en contra de herejías y doctrinas corruptas dentro de su propio redil. Consideremos ahora algunas de las sectas más importantes de ese período.

Los gnósticos (del griego, *gnosis*: "sabiduría") no son fáciles de definir por ser tan variados en sus doctrinas en los diferentes períodos y localidades. Surgieron en el Asia Menor, ese foco de ideas fantásticas, y eran un injerto del cristianismo sobre el paganismo. Creían que del Dios supremo emanaba un gran número de deidades inferiores, algunas benéficas, otras malignas. Por medio de estas el mundo se creó con su mezcla de bien y mal. Consideraban que en Cristo, como una de estas "emanaciones", moró por un tiempo la naturaleza divina. También interpretaban las Escrituras de una manera alegórica, haciendo que cada declaración significara lo que parecía más adecuado al intérprete. Florecieron a través de todo el siglo segundo y desaparecieron con él.

Los ebionitas (de una palabra hebrea que significa "pobre") eran cristianos judíos que insistían que las leyes y costumbres judaicas debían ser observadas. Rechazaban los escritos de San Pablo porque estos reconocían a los gentiles como cristianos. Los judíos los despreciaban como apóstatas y no gozaban de la simpatía de los cristianos gentiles, quienes, después de 70 d.C. constituían mayoría en la iglesia. De manera gradual, los ebionitas comenzaron a disminuir en el siglo segundo.

A los maniqueos, de origen persa, se les llamó así debido a su fundador, Mani, a quien el gobierno persa mató en 276 d.C. Enseñaban que el universo se compone de dos reinos, uno de luz y otro de tinieblas, y que cada uno lucha por el dominio en la naturaleza y en el hombre. Rechazaban a Jesús, pero creían en un "Cristo celestial". Eran severos en el ascetismo y renunciaban al matrimonio. Los persiguieron tanto los emperadores paganos, como los cristianos. Agustín, el más grande teólogo de la iglesia, fue maniqueo antes de su conversión.

Los montanistas, así llamados a causa de su fundador, Montano, casi no pueden clasificarse entre las sectas herejes, aunque la iglesia condenó sus enseñanzas. Eran puritanos que reclamaban volver a la sencillez de los cristianos primitivos. Creían en el sacerdocio de todos los verdaderos creyentes y no en las órdenes del ministerio. Observaban una disciplina estricta en la iglesia. Consideraban los dones de profecía como el privilegio de los discípulos y tenían muchos profetas y profetisas entre sus miembros. Tertuliano, uno de los principales entre los padres primitivos, abrazó sus ideas y escribió en defensa de ellos. En los tiempos modernos, Juan Wesley aprobó a Montano y a la mayoría de sus enseñanzas. Asimismo Harnack, un eminente erudito moderno, también las aprobó.

Acerca de estas sectas, y por lo general denominadas herejías, la dificultad de comprenderlas surge de que (excepto los montanistas y aun en este caso en gran medida) sus propios escritos ya no existen. Para formar nuestros conceptos acerca de ellos dependemos de los que escribieron en su contra que sin duda estaban prejuiciados. Supongamos, por ejemplo, que los metodistas como denominación y con toda su literatura dejasen de existir y que mil años después los estudiantes procurasen investigar sus enseñanzas de los libros y folletos escritos en el siglo dieciocho en contra de Juan Wesley. ¡A qué conclusiones tan erróneas llegarían y qué cuadro tan falso del metodismo se presentaría!

Procuremos ahora descubrir la condición de la iglesia durante los siglos de persecución, sobre todo en sus finales aproximadamente en 313 d.C.

Uno de los efectos que produjeron las pruebas que pasaron los cristianos de ese período fue una iglesia purificada. Las persecuciones mantenían alejados a todos los que no eran sinceros en su profesión. Nadie se unía a la iglesia por ganancia mundana ni popularidad. Los débiles y de corazón apocado abandonaban la iglesia. Solo los que estaban dispuestos a ser fieles hasta la muerte eran los que se hacían abiertamente seguidores de Cristo. La persecución sacudió a la iglesia separando la cizaña del trigo.

En sentido general, era una iglesia de enseñanza unificada. Era un cuerpo de muchos millones de personas que se extendía por un sinnúmero de países y que incluía a muchas razas que hablaban muchos idiomas. Sin embargo, tenía una misma fe. Las diferentes sectas se levantaron, florecieron y gradualmente perecieron. Las controversias destacaron la verdad y aun muchas de las herejías dejaron tras sí algunas verdades que enriquecieron el depósito de la iglesia. A pesar de las sectas y cismas, el cristianismo del imperio y de las tierras circunvecinas era uno en su doctrina, su sistema y su espíritu.

Era una iglesia completamente organizada. Hemos visto cómo se desarrolló el sistema de organización de los elementos coordinados en la época apostólica. Ya en el siglo tercero la iglesia estaba en todas partes dividida en diócesis, con obispos que con manos firmes llevaban las riendas del gobierno. La iglesia era un ejército disciplinado, unido bajo dirección capaz. Dentro del Imperio Romano, bien organizado por fuera pero por dentro en decadencia, había otro imperio de abundante vida y poder progresivo: la iglesia cristiana.

Era una iglesia creciente. A pesar de las persecuciones, tal vez hasta cierto punto por causa de estas, la iglesia crecía con una rapidez asombrosa. Al final del período de persecución la iglesia era lo bastante numerosa como para componer la institución más poderosa del imperio. Gibbon, el historiador de este período, calculaba que los cristianos al final de las persecuciones formaban cuando menos la décima parte de la población. A partir de entonces, muchos escritores han aceptado sus declaraciones. Sin embargo, recientemente todo el tema se ha investigado con cuidado y la conclusión de los eruditos actuales es que los miembros de la iglesia y sus simpatizantes componían la mitad de los ciento veinte millones bajo el dominio de Roma. Una admirable muestra de evidencia se ha encontrado en las catacumbas de Roma, canteras subterráneas de gran extensión, que durante dos siglos fueron los lugares de escondite, de reunión y sepultura de los cristianos. Por las tumbas de los cristianos, como demuestran las inscripciones y símbolos sobre las mismas, algunos calculan que ascendían a siete millones y ningún explorador calcula menos de dos millones. Cuatro millones en siete generaciones quizás sería una buena conclusión. Agréguense a estos cuatro millones otros muchos que no recibieron sepultura en las catacumbas y luego considérese lo grande que debe haber sido el número de cristianos en todo el Imperio Romano.

La iglesia imperial

Desde el edicto de Constantino (313 d.C.) hasta la caída de Roma (476 d.C.)

Bosquejo de los capítulos 9-11

Tercer período general: La iglesia imperial

Desde el edicto de Constantino: 313 d.C.
hasta la caída de Roma: 476 d.C.

I. Victoria del cristianismo (capítulo 9)
1. *Constantino, primer emperador cristiano*
2. *Buenos resultados para la iglesia*
   a. Fin de la persecución
   b. Restauración de iglesias
   c. Cese de los sacrificios paganos
   d. Templos consagrados como iglesias
   e. Donaciones a las iglesias
   f. Privilegios concedidos a los clérigos
   g. Proclamación del domingo como día de descanso
3. *Algunos buenos resultados para el estado*
   a. Abolición de la crucifixión
   b. Represión del infanticidio
   c. Modificación de la esclavitud
   d. Anulación de los juegos de gladiadores
4. *Algunos malos resultados de la victoria cristiana*
   a. Todos en la iglesia
   b. Costumbres paganas introducidas en la iglesia
   c. La iglesia se torna mundana
   d. Males de la unión de la Iglesia con el Estado

II. Fundación de Constantinopla (capítulo 10)
1. *Necesidad de una nueva capital*
2. *Posición geográfica*
3. *La capital y la iglesia*
4. *La iglesia de santa Sofía*

III. División del imperio (capítulo 10)

IV. Supresión del paganismo (capítulo 10)
1. *Constantino tolerante*
2. *Sucesores intolerantes*

IX. Líderes del período (capítulo 11)
   1. *Atanasio (293–373 d.C.)*
   2. *Ambrosio de Milán (340–397 d.C.)*
   3. *Juan Crisóstomo (345–407 d.C.)*
   4. *Jerónimo (340-420 d.C.)*
   5. *Agustín (354–430 d.C.)*

La iglesia imperial (313–476 d.C.)

Primera parte
La victoria del cristianismo.

En el período que comenzamos ahora el hecho más notable y también el más poderoso, para bien y para mal, fue la victoria del cristianismo. En 305 d.C., cuando Diocleciano abdicó el trono imperial, la religión cristiana estaba terminantemente prohibida. Su profesión se castigaba con tortura y muerte, y todo el poder del estado se ejercía en contra de la misma. Menos de veinte años después, en 324 d.C., se reconoció al cristianismo como la religión oficial del Imperio Romano y un emperador cristiano ejercía autoridad suprema con una corte de cristianos profesantes a su derredor. En un instante, los cristianos pasaron del anfiteatro romano, donde tenían que enfrentarse con los leones, a ocupar un sitio de honor en el trono que regía al mundo.

Poco después de la abdicación de Diocleciano, en 305 d.C., cuatro aspirantes a la corona imperial estaban en guerra. Los dos rivales más poderosos eran Maxencio y Constantino, cuyos ejércitos se enfrentaron en el Puente Milvian, sobre el Tíber, a dieciséis kilómetros de Roma, 312 d.C. Maxencio representaba al elemento pagano perseguidor. Constantino era amistoso con los cristianos aunque en ese tiempo no profesaba ser creyente. Afirmaba haber visto en el cielo una cruz luminosa con el lema: "Hoc Signo Vinces": "Por esta señal conquistarás", que más tarde adoptó como insignia de su ejército. La victoria fue de Constantino y Maxencio se ahogó en el río. Poco después, en 313 d.C., Constantino promulgó su famoso Edicto de Tolerancia que oficialmente puso fin a las persecuciones. No fue sino hasta 323 d.C. que Constantino llegó a ser supremo emperador y que se entronizó al cristianismo. El carácter de Constantino no era perfecto. Aunque por lo general era justo, a veces era cruel y tirano. Se ha dicho que "la realidad de su cristianismo era mejor que su calidad". Retrasó su bautismo hasta poco antes de su muerte con la idea que prevalecía en su tiempo de que el bautismo lavaba todos los pecados cometidos previamente. Si no fue un gran cristiano, sin duda fue un político sabio, pues tuvo la percepción de unirse con el movimiento que tenía el futuro de su imperio.

De este repentino cambio de relaciones entre el imperio y la iglesia se obtuvieron resultados mundiales y de vasto alcance. Algunos de ellos buenos, otros malos, tanto para la iglesia como para el estado. Podemos ver de inmediato que la nueva actitud del gobierno benefició la causa del cristianismo.

De una vez y para siempre cesó toda persecución de cristianos. Durante más de doscientos años, los cristianos nunca se vieron libres de acusación y muerte. Incluso en muchos períodos, como hemos visto, todos habían estado en peligro inminente. Sin embargo, desde la promulgación del Edicto de Constantino en 313 d.C., hasta que terminó el Imperio Romano, la espada de la persecución no solo se envainó, sino que se sepultó.

En todas partes se restauraban y reabrían los edificios de las iglesias. En el período apostólico las reuniones se celebraban en casas particulares y en salones alquilados. Después, durante el tiempo del cese de las persecuciones, empezaron a levantarse edificios para las iglesias. En la última persecución, durante Diocleciano, las autoridades destruyeron muchos de estos edificios y otros los confiscaron. Ahora, todos los que aún estaban en pie se restauraron y las ciudades pagaron a las sociedades por los que derribaron. A partir de este momento, los cristianos tuvieron libertad para construir templos. De ahí que se empezaron a levantar edificios por doquier. En su diseño seguían la forma y tomaban el nombre de la *basílica* romana o salón de la corte: un rectángulo dividido en pasillos por hileras de pilares, teniendo en un extremo una plataforma semicircular con asientos para los clérigos. Constantino dio el ejemplo de construir grandes templos en Jerusalén, Belén y en su nueva capital, Constantinopla. Dos generaciones después de Constantino fue que empenzaron a aparecer las imágenes en las iglesias. Los cristianos primitivos se horrorizaban con todo lo que pudiese conducir a la idolatría.

Aunque todavía se toleraba la adoración pagana, los sacrificios oficiales cesaron. El hecho de que un cambio tan radical de las costumbres generales, entretejidas con toda celebración social y cívica, pudiese haberse efectuado con tanta rapidez demuestra que las observancias paganas fueron por mucho tiempo un simple formalismo y ya no expresaban la creencia de gente inteligente.

En muchos lugares los templos se consagraron como iglesias. Esto sucedía especialmente en las ciudades; mientras que en los remotos lugares rurales las creencias y la adoración pagana perduraron por generaciones. La palabra "pagano" originalmente significaba "morador del campo". Sin embargo, llegó a significar, y aún significa, un idólatra, uno que no conoce la verdadera adoración.

Por todo el imperio los templos de los dioses se sostuvieron principalmente por el tesoro público. Ahora estas donaciones se concedían a las iglesias y al clero. De forma gradual al principio, pero muy pronto en una forma general y más liberal, los fondos públicos fueron enriqueciendo a la iglesia. Los obispos, ministros y otros funcionarios del culto cristiano recibían su sostén del estado. Una donación bien recibida por la iglesia, pero al final de dudoso beneficio.

Al clero se le otorgaron muchos privilegios, no todos por ley imperial, sino por costumbre que pronto llegó a ser ley. Ya no se les exigía el cumplimiento de los deberes públicos que eran obligatorios para todos los ciudadanos, pues los eximieron del pago de contribuciones. Todas las acusaciones en su contra se juzgaban ante cortes eclesiásticas. Los ministros de la iglesia pronto llegaron a formar una clase privilegiada en cuanto a la ley del país. Esto también, aunque fue un beneficio inmediato, desencadenó un mal para el estado y para la iglesia.

El primer día de la semana se proclamó como día de descanso y de adoración. Su observancia pronto llegó a generalizarse en todo el imperio. En 321 d.C., Constantino prohibió que las cortes se abriesen los domingos, excepto con el propósito de libertar esclavos. También en ese día los soldados tenían la orden de no hacer sus ejercicios militares diarios. Sin embargo, los juegos públicos continuaron el domingo, con la tendencia de hacer de ese día uno de fiesta en vez de santo.

Del reconocimiento del cristianismo como la religión predilecta surgieron algunos buenos resultados para el pueblo y la iglesia. El espíritu de la nueva religión se inculcó en muchas de las ordenanzas que Constantino y sus sucesores inmediatos decretaron.

La crucifixión se abolió. Esta era una forma común de ejecutar los criminales, excepto a los ciudadanos romanos que eran los únicos con derecho a ser decapitados cuando los condenaban a muerte. Sin embargo, pronto Constantino adoptó la cruz, emblema sagrado para los cristianos, como la insignia de su ejército y la prohibió como instrumento de muerte.

El infanticidio se frenó y reprimió. En toda la historia anterior de Roma y sus provincias, cualquier niño que su padre no deseaba, se asfixiaba o "abandonaba" a fin de que muriera. Algunas personas hacían un negocio de recoger niños abandonados, los criaban y luego los vendían como esclavos. La influencia del cristianismo impartió un carácter sagrado a la vida humana, aun en la de los niños más pequeños, e hizo que el mal del infanticidio desapareciera de todo el imperio.

A través de toda la historia de la república romana y del imperio, hasta que el cristianismo llegó a dominar, más de la mitad de la población era esclava sin la más mínima protección de la ley. Si así lo deseaba, un hombre podía matar a sus esclavos. Durante el dominio de uno de los primeros emperadores, un ciudadano romano rico fue asesinado por uno de sus esclavos y, por ley, los trescientos esclavos de su casa murieron. No tomaron en cuenta su sexo, edad, culpa o inocencia. Pero con la influencia del cristianismo, el trato a los esclavos llegó de inmediato a ser más humano. Se les otorgaron derechos legales que nunca antes tuvieron. Podían acusar a sus amos de trato cruel. La emancipación se aprobó y fomentó. Así, la condición de los esclavos mejoró y la esclavitud poco a poco se abolió.

Los juegos de gladiadores se prohibieron. Esta ley se puso en vigor en la nueva capital de Constantino, donde el Hipódromo nunca se contaminó con hombres que se matasen entre sí para placer de los espectadores. No obstante, los combates siguieron en el anfiteatro romano hasta 404 d.C., cuando el monje Telémaco saltó a la arena y procuró apartar a los gladiadores. Al monje lo asesinaron, pero desde entonces cesó la matanza de los hombres para placer de los espectadores.

Aunque el resultado del triunfo del cristianismo fue muy bueno, inevitablemente la alianza del estado y la iglesia también trajo en su curso muchos males. El cese de la persecución fue una bendición, pero el establecimiento del cristianismo como religión del estado llegó a ser una maldición.

Todos procuraban ser miembros de la iglesia y a casi todos los recibían. Tanto los buenos como los malos, los que sinceramente buscaban a Dios y los hipócritas que procuraban ganancia personal, se apresuraban a ingresar en la comunión. Hombres mundanos, ambiciosos, sin escrúpulos, buscaban puestos en la iglesia para obtener influencia social y política. El tono moral del cristianismo en el poder era mucho más bajo que el que había distinguido a la misma gente bajo el tiempo de la persecución.

Los servicios de adoración aumentaron en esplendor, pero eran menos espirituales y sinceros que los de tiempos anteriores. Las formas y ceremonias del paganismo gradualmente se fueron infiltrando en la adoración. Algunas de las antiguas fiestas paganas llegaron a ser fiestas de la iglesia con cambio de nombre y de adoración. Alrededor de 405 d.C., en los templos comenzaron a aparecer, adorarse y rendirse culto a las imágenes de santos y mártires. La adoración de la virgen María sustituyó a la adoración de Venus y Diana. La Cena del Señor llegó a ser un sacrificio en lugar de un acto recordatorio. El "anciano" evolucionó de predicador a sacerdote.

Debido al poder ejercido por la iglesia, no vemos al cristianismo que transforma al mundo a su ideal, sino al mundo que domina a la iglesia. A la humildad y la santidad de la época primitiva le sucedieron ambición, orgullo y arrogancia entre los miembros de la iglesia. Había aun muchos cristianos de espíritu puro, como Mónica, la madre de Agustín, y ministros fieles tales como Jerónimo y Juan Crisóstomo. Sin embargo, la ola de mundanalidad avanzó indómita sobre muchos de los que profesaban ser discípulos de su humilde Señor.

Si se le hubiese permitido al cristianismo desarrollarse normalmente sin tener el poder del estado, y si este hubiese continuado libre del dictado de la iglesia, ambos hubieran sido mejores estando separados. Sin embargo, la iglesia y el estado llegaron a ser una sola cosa cuando el imperio adoptó al cristianismo como la religión oficial. De esta unión forzada surgieron dos males: uno en las provincias orientales y otro en las occidentales. En Oriente el estado dominaba de tal modo a la iglesia que esta perdió toda su energía y vida. En Occidente, como veremos, la iglesia usurpó poco a poco el poder al estado. Como resultado, no había cristianismo, sino una jerarquía más o menos corrupta que dominaba las naciones europeas y que convirtieron fundamentalmente a la iglesia en una maquinaria política.

La iglesia imperial (313–476 d.C.)

Segunda parte

Fundación de Constantinopla. División del imperio. Supresión del paganismo. Controversias y concilios. Nacimiento del monacato.

Al poco tiempo del reconocimiento del cristianismo como religión del Imperio Romano, una nueva capital se escogió, construyó y estableció como la sede de autoridad. Este acontecimiento trajo resultados importantes para la iglesia y el estado.

Constantino comprendió que Roma estaba íntimamente asociada con la adoración pagana, llena de templos y estatuas, inclinada fuertemente a la adoración antigua, una ciudad dominada por tradiciones paganas. Además, su posición geográfica en medio de una gran llanura la exponía al ataque de los enemigos. En los primeros tiempos de la república, enemigos extranjeros sitiaron la ciudad más de una vez. Posteriormente, en su historia, los ejércitos de las provincias varias veces destronaron y entronaron emperadores. En el sistema de gobierno, organizado por Diocleciano y continuado por Constantino, no había lugar ni siquiera para una sombra de autoridad de parte del senado romano. Los emperadores poseían ahora un poder ilimitado y Constantino deseaba una capital sin las trabas de las tradiciones, en especial bajo los auspicios de la nueva religión.

Constantino demostró gran sabiduría en la elección de su nueva capital. Escogió la ciudad griega de Bizancio, que había existido por mil años, situada en el punto de contacto entre Europa y Asia. Aquí los continentes están separados por dos estrechos, Bósforo al norte y Helesponto (ahora Dardanelos) al sur. Juntos comprenden noventa y seis mil quinientos sesenta y un kilómetros de longitud. Por lo general, menos de un kilómetro de ancho y en ninguna parte más de seis kilómetros de ancho. La ubicación de la ciudad está muy fortificada por la naturaleza. En toda su historia de más de veinticinco siglos, rara vez la han tomado los enemigos, mientras que a su rival, Roma, la han vencido y saqueado muchas veces. Aquí Constantino fijó su capital y planeó la gran ciudad conocida universalmente por muchos años como Constantinopla, "la ciudad de Constantino", pero ahora llamada oficialmente Estambul.

En la nueva capital el emperador y el patriarca (que fue el título que recibió más tarde el obispo de Constantinopla) vivían en armonía. Se honraba y reverenciaba a la iglesia, pero la autoridad del trono la eclipsaba. Por un lado, debido a la presencia y poder del emperador. Por otro lado, debido a la naturaleza sumisa y dócil de su gente, la iglesia en el Imperio Oriental vino a ser fundamentalmente sierva del estado, aunque a veces patriarcas como Juan Crisóstomo afirmaron su independencia.

En la nueva capital no había templos para los ídolos, pero pronto se levantaron muchos. Al mayor de estos se le llamó Santa Sofía, "Sagrada Sabiduría". Su construcción se debió a Constantino, pero después de su destrucción por incendio lo reconstruyó el emperador Justiniano (537 d.C.) de un modo tan magnífico, que superó cualquier otro templo de su época. Permaneció siendo la principal catedral del cristianismo durante once siglos, hasta 1453 d.C., cuando los turcos tomaron la ciudad. Luego en un día la convirtieron en una mezquita y así ha permanecido hasta la actualidad.

Después de fundada la nueva capital, vino la división del imperio. Las fronteras eran tan extensas y el peligro de invasión bárbara era tan inminente, que un solo emperador ya no podía proteger sus vastos dominios. Diocleciano comenzó la división de autoridad en 305 d.C. Constantino también nombró emperadores asociados y en 375 d.C.

Teodosio completó la separación. Desde el tiempo de Teodosio el mundo romano se dividió en Oriental y Occidental, separados por el mar Adriático. Al Imperio Oriental se le denominaba griego y al Occidental latino debido al idioma que prevalecía en cada uno de ellos. La división del imperio fue un presagio de la futura división de la iglesia.

Uno de los hechos más notables de la historia fue la rápida transformación de un vasto imperio de la religión pagana a la cristiana. Exteriormente, al principio del siglo cuarto, los antiguos dioses estaban atrincherados en la reverencia del mundo romano. Sin embargo, antes de comenzar el siglo quinto dejaron que los templos se arruinaran o transformaran en iglesias cristianas. Los sacrificios y las libaciones cesaron y, de profesión, el Imperio Romano se hizo cristiano. Veamos ahora cómo el paganismo cayó de su elevado sitial.

Constantino era tolerante, tanto por temperamento como por motivos políticos, aunque era enérgico en su reconocimiento de la religión cristiana. No sancionaba ningún sacrificio a las imágenes que antes se adoraban y puso fin a las ofrendas a la estatua del emperador. Sin embargo, favorecía la tolerancia de toda forma de religión y buscaba la conversión gradual de sus súbditos al cristianismo mediante la evangelización y no por coacción. Retuvo algunos de los títulos paganos del emperador, como el de *pontifex maximus* ("sumo pontífice"), un título que desde entonces retuvieron todos los papas. También continuó el sostén de las vírgenes vestales en Roma.

Sin embargo, los sucesores de Constantino en el trono fueron intolerantes. La conversión de los paganos avanzaba con bastante rapidez, aun demasiado rápido para el bienestar de la iglesia. Aun así, los primeros emperadores cristianos que sucedieron a Constantino procuraron acelerar el movimiento mediante una serie de leyes opresivas. Todas las donaciones que recibían los templos o los sacerdotes paganos, ya fueran donadas por el estado o por los adoradores mismos, se confiscaron y en casi todo lugar se transfirieron a los templos. Se prohibieron los sacrificios y ritos de adoración y su observancia constituía una ofensa punible. No mucho después del reinado de Constantino, su hijo ordenó la pena de muerte y confiscación de todas las propiedades de los adoradores de ídolos. El paganismo, una generación antes de su eliminación final, tuvo unos cuantos mártires, aunque muy pocos en contraste con el número de mártires cristianos durante doscientos años. También muchos de los templos se consagraron para la nueva fe. Y después de algunos años se ordenó que se derribaran los que aún estaban en pie, a no ser que se necesitaran para la adoración cristiana. Se decretó una ley para que nadie escribiera ni hablara en contra de la religión cristiana. De modo que todos los libros de sus opositores deberían quemarse. Un resultado de este edicto fue que prácticamente todo nuestro conocimiento de las sectas herejes o anticristianas lo obtenemos de libros escritos en contra de las mismas. La puesta en vigor de estas leyes represivas variaba mucho en las diversas partes del imperio. Sin embargo, su efecto fue que el paganismo quedó exterminado en el curso de tres o cuatro generaciones.

Cuando el largo conflicto del cristianismo con el paganismo estaba terminando en victoria, surgió una nueva lucha, una guerra civil en el campo del pensamiento, una serie de controversias dentro de la iglesia sobre sus doctrinas. Mientras que la iglesia luchaba por su propia existencia en contra de la persecución, permaneció unida, aunque se escuchaban rumores de disensión doctrinal. Pero cuando la iglesia no solo se vio libre de peligros, sino que también dominaba, se levantaron acalorados debates acerca de sus doctrinas que estremecían sus mismos cimientos. Durante este período se llevaron a cabo tres grandes controversias, además de muchas otras de menor importancia. Para decidir estas cuestiones se convocaban concilios de toda la iglesia. En estos concilios solo los obispos tenían voto. El resto de los clérigos y laicos se debían someter a sus decisiones.

La primera controversia surgió sobre la doctrina de la Trinidad, especialmente la relación del Padre y del Hijo. Arrio, un presbítero de Alejandría, alrededor de 318 d.C. expuso la doctrina de que Cristo, aunque superior a la naturaleza humana, era inferior a Dios y que no era eterno en existencia, sino que tuvo un principio. El opositor principal de esta idea fue Atanasio, también de Alejandría. Afirmaba la unidad del Hijo con el Padre, la deidad de Cristo y su existencia eterna. La controversia se extendió por toda la iglesia y, después que Constantino procuró en vano dar fin a la contienda, convocó un concilio de obispos que se reunieron en Nicea, Bitinia, en 325 d.C. Atanasio, que en ese tiempo solo era diácono, tenía voz pero no voto. A pesar de eso logró que la mayoría del concilio condenase las enseñanzas de Arrio, en el credo Niceno. Sin embargo, Arrio era políticamente poderoso. Muchos de las clases más elevadas, incluso el hijo y sucesor de Constantino, sostenían sus opiniones. Cinco veces enviaron a

Atanasio al destierro y vuelto a llamar el mismo número de veces. Cuando un amigo le dijo: "Atanasio, tienes a todo el mundo en contra tuya." A lo que él contestó: "Sea así: Atanasio contra el mundo." (*Athanasius contra mundum.*) Sus últimos siete años los pasó en paz en Alejandría, donde murió en 373 d.C. Aunque mucho después de su muerte, sus ideas llegaron finalmente a ser supremas en toda la iglesia, tanto en Oriente como en Occidente. Se establecieron de forma definitiva en el Credo de Atanasio, que en una época se creyó que lo había escrito Atanasio, mas posteriormente se descubrió lo contrario.

Después vino la controversia sobre la naturaleza de Cristo. Apolinario, obispo de Laodicea (360 d.C.), declaraba que la naturaleza divina tomó la naturaleza humana de Cristo. Además, que Jesús en la tierra no era hombre, sino Dios en forma humana. La mayoría de los obispos y teólogos sostenían que la personalidad de Jesucristo era una unión de Dios y hombre, deidad y humanidad en una naturaleza. La herejía apolinaria se condenó en el Concilio de Constantinopla, 381 d.C., y le siguió el retiro de Apolinario de la iglesia.

La única controversia extensa de este período surgida en la iglesia occidental fue sobre cuestiones relacionadas con el pecado y la salvación. Empezó con Pelagio, monje venido de Gran Bretaña a Roma como en 410 d.C. Su doctrina se basaba en que no heredamos nuestras tendencias pecaminosas de Adán, sino que cada alma hace su propia elección, ya sea de pecado o de justicia. Que cada voluntad humana es libre y cada alma tiene la responsabilidad de sus decisiones. En contra de esta idea apareció la mayor inteligencia después de San Pablo en la historia del cristianismo, el poderoso Agustín, que sostenía que Adán representaba a toda la especie, que en el pecado de Adán todos los hombres pecaron y todo el género humano se considera culpable. Que el hombre no puede aceptar la salvación por su propia elección, sino solo por la voluntad de Dios, quien es el que escoge los que se han de salvar. El concilio de Cartago en 418 d.C., condenó la idea de Pelagio y la teología de Agustín vino a ser la regla de ortodoxia en la iglesia. No fue sino hasta en los tiempos modernos, bajo Arminio en Holanda (como en 1600) y Juan Wesley en el siglo dieciocho, que hubo un alejamiento serio del sistema agustiniano de doctrina.

Mientras estas grandes controversias rugían, empezó otro gran movimiento que en la Edad Media alcanzó proporciones inmensas. Este fue el nacimiento del espíritu monástico. En la iglesia primitiva no había monjes ni monjas. Los cristianos vivían en familias y aun cuando se cuidaban de no asociarse con idólatras, eran miembros de la sociedad en general. No obstante, en el período que ahora consideramos notamos los principios y primeros progresos de un movimiento hacia la vida monástica.

Después que el cristianismo dominó el imperio, la mundanalidad entró en la iglesia y prevaleció. Muchos que anhelaban una vida más elevada estaban descontentos con lo que les rodeaba y se retiraban del mundo. Ya sea solos o en grupos, habitaban en retiro. Procuraban cultivar la vida espiritual mediante la meditación, la oración y los hábitos ascéticos. Este espíritu monástico empezó en Egipto, donde se fomentó debido al clima cálido y las pocas necesidades de la vida.

En la historia cristiana primitiva se pueden encontrar casos de vida solitaria. Sin embargo, podemos considerar a Antonio como su fundador, alrededor de 320 d.C., pues su vida llamó la atención general e hizo a miles seguir su ejemplo. Durante muchos años, vivió solo en una cueva en Egipto. Todos lo conocían y reverenciaban por la pureza y sencillez de su carácter. Multitudes siguieron su ejemplo y las cuevas del norte de Egipto se llenaron de sus discípulos. A estos se les llamaba "anacoretas", que viene de una palabra que significa "retiro". A los que formaban comunidades se les llamaban "cenobitas". Desde Egipto este espíritu se esparció por la iglesia oriental, donde un sinnúmero de personas adoptaron la vida monástica.

Una forma peculiar de ascetismo la adoptaron los santos de los pilares, el primero de ellos fue un monje sirio, Simón, apodado "del Pilar". Salió del monasterio en 423 d.C. y construyó varios pilares en sucesión, cada vez los erigía más alto hasta que el último llegó a medir sesenta pies de altura y cuatro de ancho. En estos pilares vivió durante treinta y siete años. Miles siguieron su ejemplo y Siria tuvo muchos santos de los pilares o columnas entre los siglos quinto y duodécimo. Sin embargo, esta forma de vida nunca tuvo seguidores en Europa.

El movimiento monástico en Europa se esparció más despacio que en Asia y África. La vida solitaria e individual del asceta pronto trajo como resultado en Europa el establecimiento de monasterios, donde el trabajo estaba unido a la oración. La Ley de Benedicto, que fue la que más se usó para organizar y dirigir los monasterios de Occidente, se promulgó en 529 d.C. El espíritu monástico se desarrolló en la Edad Media y lo veremos de nuevo en la historia.

La iglesia imperial (313–476 d.C.)

Tercera parte

*Desarrollo del poder en la iglesia de Roma.
Caída del Imperio Romano occidental.
Líderes del período.*

Hemos visto que Constantinopla desplazó a la ciudad de Roma como la capital del mundo. Ahora veremos a Roma afirmando su derecho de ser la capital de la iglesia. A través de todo este período, la iglesia en Roma ganaba prestigio y poder. El obispo de Roma, ahora llamado papa, reclamaba el trono de autoridad sobre todo el mundo cristiano. Quería que se le reconociera como cabeza de la iglesia en toda Europa al oeste del mar Adriático. Este desarrollo aún no había alcanzado la presuntuosa demanda de poder, sobre el estado y la iglesia, que se manifestó en la Edad Media. Sin embargo, se inclinaba con fuerza hacia esa dirección. Veamos algunas de las causas que fomentaron este movimiento.

La semejanza de la iglesia con el imperio como una organización fortalecía la tendencia hacia el nombramiento de un jefe. En un estado gobernado no por autoridades elegidas sino por una autocracia, donde un emperador gobernaba con poder absoluto, era natural que la iglesia se gobernara de la misma manera: por un jefe. En todas partes los obispos gobernaban las iglesias, pero la pregunta surgía constantemente: ¿Quién gobernaría a los obispos? ¿Qué obispo debía ejercer en la iglesia la autoridad que el emperador ejercía en el imperio? Los obispos que presidían en ciertas ciudades pronto llegaron a llamarlos "metropolitanos" y después "patriarcas". Había patriarcas en Jerusalén, Antioquía, Alejandría, Constantinopla y Roma. El obispo de Roma se adjudicó el título de "papá, padre", después se modificó a *papa*. Entre estos cinco patriarcas había frecuentes disputas por la prioridad y supremacía. Sin embargo, la cuestión al final se limitó a escoger entre el patriarca de Constantinopla y el papa de Roma como cabeza de la iglesia.

Roma reclamaba para sí autoridad apostólica. Era la única iglesia que decía poder mencionar a dos apóstoles como sus fundadores y estos, los mayores de todos los apóstoles, San Pedro y San Pablo. Surgió la tradición de que Pedro fue el primer obispo de Roma. Como obispo, Pedro debería haber sido papa. Se suponía que en el primer siglo el título "obispo" significaba lo mismo que en el siglo cuarto, un gobernante sobre el clero y la iglesia. Por tanto, Pedro, como el principal de los apóstoles, debe haber poseído autoridad sobre toda la iglesia. Se citaban dos textos en los Evangelios como prueba de esta afirmación. Uno de estos puede verse ahora escrito en letras gigantescas en latín alrededor de la cúpula de la Iglesia de San Pedro en Roma: "Tú eres Pedro; y sobre esta piedra edificaré mi iglesia." El otro es: "Apacienta mis ovejas." Se argüía que Pedro fue la primera cabeza de la iglesia, entonces sus sucesores, los papas de Roma, deberían continuar su autoridad.

El carácter de la iglesia romana y sus primeros líderes sostenían fuertemente estas afirmaciones. Los obispos de Roma eran por lo general hombres más fuertes, sabios y que se hacían sentir por toda la iglesia. Mucha de la antigua calidad imperial que había hecho a Roma la señora del mundo moraba aun en la naturaleza romana. En esto había un notable contraste entre Roma y Constantinopla. Al principio, Roma hizo a los emperadores, pero los emperadores hicieron a Constantinopla y la poblaron de súbditos sumisos. La iglesia de Roma siempre fue conservadora en doctrina. Las sectas y herejías ejercieron poca influencia sobre ella y en aquel entonces permanecía como una columna de la enseñanza ortodoxa. Este rasgo incrementaba su influencia por toda la iglesia en general.

Además, la iglesia de Roma desplegaba un cristianismo práctico. Ninguna iglesia la superaba en su cuidado por los pobres, no solo entre sus miembros, sino aun entre los paganos en tiempos de hambre y pestilencia. Dio gran ayuda a las iglesias perseguidas en otras provincias. Cuando un funcionario pagano en Roma demandó los tesoros de la iglesia, el obispo congregó a sus miembros pobres y dijo: "Estos son nuestros tesoros."

El traslado de la capital de Roma a Constantinopla, lejos de aminorar la influencia del obispo o papa romano, la aumentó considerablemente. Hemos visto que en Constantinopla el emperador y su corte dominaban a la iglesia. Por lo general, el patriarca estaba supeditado al palacio imperial. Pero en Roma no había emperador que superara ni intimidara al papa. Se trataba del potentado mayor de toda la región. Europa siempre miró a Roma con respeto. Ahora que la capital estaba lejos, y especialmente como el imperio mismo estaba en decadencia, la lealtad hacia el pontífice romano empezó a ocupar el lugar de aquel hacia el emperador romano.

Así surgió que por todo el Occidente el obispo romano o papa, como cabeza de la iglesia en Roma, comenzara a considerarse como la autoridad principal en la iglesia en general. Por ejemplo, en el Concilio de Calcedonia en Asia Menor (381 d.C.), Roma ocupó el primer lugar y Constantinopla el segundo. Se preparaba el camino para pretensiones aun mayores de Roma y el papa para los siglos venideros.

A través de este período de la Iglesia Imperial, sin embargo, otro movimiento progresaba. Era la más enorme catástrofe de toda la historia: la caída del Imperio Romano occidental. En el reinado de Constantino, al parecer el reino parecía estar muy bien protegido e inexpugnable como lo había estado en el reinado de Marco Aurelio o de Augusto. Sin embargo, estaba debilitado por la decadencia moral y política, y listo para sucumbir bajo los invasores que le rodeaban ansiosos de derrotarlo. A los veinticinco años de la muerte de Constantino, en 337 d.C., cayeron las barreras en la frontera del Imperio Occidental y las hordas de bárbaros (nombre que los romanos aplicaron a los demás pueblos, a griegos y judíos) comenzaron a entrar por todas partes en las indefensas provincias. De esta manera se posesionaron del territorio y establecieron reinos independientes. En menos de ciento cuarenta años el Imperio Romano occidental, que existió durante mil años, y cuyos súbditos estaban contentos bajo su gobierno, quedó borrado de la existencia. No es difícil encontrar las causas de este gran derrumbe.

Los vecinos bárbaros codiciaban las riquezas del imperio. De un lado de la frontera había ciudades opulentas que vivían en paz, vastos campos con cosechas, personas que poseían todas las cosas que estaban deseando las tribus pobres, no civilizadas, errantes, pero agresivas, que vivían al otro lado de la frontera. Por siglos, antes de la invasión de los bárbaros, la ocupación principal de los emperadores romanos había sido la defensa de las fronteras contra las amenazas de ataques de estos enemigos. La única razón de tener varios emperadores que reinaran a la vez era la necesidad de un gobernante investido de autoridad cerca de estos puntos de peligro, a fin de que pudiese actuar sin esperar órdenes de una capital distante.

Aun en los mejores tiempos, los romanos estaban a la par con los bárbaros, hombre por hombre. Además, a través de los siglos de paz, los romanos perdieron la costumbre de combatir. En nuestros tiempos las naciones civilizadas poseen pertrechos de guerra muy superiores a los que tenían las tribus salvajes. Sin embargo, antiguamente, ambos lados peleaban con espadas y lanzas, y la única ventaja de los romanos consistía en la formidable disciplina de sus legiones. Aunque es de notar que esa disciplina decayó mucho en los tiempos de los últimos emperadores y los bárbaros eran más fuertes físicamente, más intrépidos y aptos para la guerra. Lo que empeoraba la situación de los decadentes romanos era que ya no servían en sus ejércitos. Las legiones recibían el adiestramiento precisamente de estos mismos bárbaros, quienes a menudo pelearon en defensa de Roma y en contra de su propio pueblo. La mayoría de estos ejércitos, sus generales y aun muchos de sus emperadores procedían de razas bárbaras. Ningún pueblo que por lo general emplea extranjeros para pelear sus batallas cuando estas son necesarias, puede mantener por mucho tiempo sus libertades.

El imperio, no muy fuerte en sus recursos humanos, estaba también debilitado por las guerras civiles llevadas a cabo durante generaciones por distintos pretendientes al trono imperial. El senado no elegía a los emperadores, sino que cuando asesinaban a alguno (como lo fue la mayoría), cada ejército en las diferentes provincias presentaba su candidato y la decisión no se hacía por votos, sino con las armas. En noventa años se proclamaron ochenta jefes como emperadores y cada uno reclamaba el trono. En un tiempo dichos emperadores eran tantos, que se les llamaban "los treinta tiranos". Saqueaban las ciudades y todo el imperio empobreció por la ambición de los hombres al poder. Como resultado, se quitaron las guarniciones de las fronteras y la tierra quedó indefensa ante los invasores bárbaros.

La causa inmediata de muchas invasiones se debía al movimiento de las tribus asiáticas. Cuando los bárbaros en el este de las provincias europeas se lanzaron sobre los romanos, declararon que los echaron de sus hogares una hueste irresistible de extraños guerreros, acompañados por sus familias, que cambiaron su morada del interior de Asia. Por lo general, a este pueblo se le llamaba hunos. Se desconoce por qué abandonaron sus hogares en el Asia central, pero se cree que fue por el cambio de clima pues la escasez de lluvia tornó los campos fértiles en desiertos. Más tarde estos hunos, bajo su fiero rey Atila, establecieron contacto directo con los romanos y se constituyeron en su más terrible enemigo.

Puesto que la nuestra no es una historia del Imperio Romano, sino de la iglesia cristiana, nuestro relato de estas sucesivas tribus invasoras será a grandes rasgos. Las primeras invasiones fueron de razas que estaban entre el Danubio y el mar Báltico. Dirigidos por su capitán Alarico, los visigodos (godos del occidente) se lanzaron sobre Grecia e Italia, capturaron y saquearon a Roma y establecieron un reino en el sur de Francia. Los vándalos, bajo el mando de Genserico, marcharon a través de Francia hasta España y de aquí fueron al norte de África, conquistando estos países. Los burgundos cruzaron el Rin y establecieron un reino que tenía a Estrasburgo como centro. Los francos, una tribu germana, capturaron el norte de Galia, a la cual llamaron Francia. Más tarde un rey de los francos, Clovis, se hizo cristiano y su pueblo lo siguió. Los francos ayudaron grandemente en la conversión del norte de Europa a la religión cristiana, sobre todo por la fuerza. Cuando los sajones y anglos de Dinamarca y los países del norte vieron que las legiones romanas abandonaron Gran Bretaña, realizaron invasiones, generación tras generación, y por poco extirpan al cristianismo antiguo. Esto fue así hasta que el mismo reino anglosajón se convirtió por medio de misioneros de Roma.

Alrededor de 450 d.C., los terribles hunos, bajo su despiadado rey Atila, invadieron a Italia y amenazaron no solo con destruir el Imperio Romano, sino también a los reinos establecidos dentro de sus fronteras. Los godos, vándalos y francos, bajo la dirección de Roma, se unieron en contra de los hunos y una gran batalla se llevó a cabo en Chalons al norte de Francia. Los hunos cayeron derrotados en terrible matanza y, con la muerte de Atila poco después, el poder de estos tuvo fin. La batalla de Chalons (451 d.C.) trajo como resultado que a Europa no la gobernarían los asiáticos, sino que se desarrollaría de acuerdo a su propia civilización.

Por estas sucesivas invasiones y divisiones, el otrora vasto Imperio Romano quedó reducido a un pequeño territorio alrededor de la capital. En 476 d.C. una tribu relativamente pequeña de germanos, los hérulos, bajo su rey Odoacro, tomó posesión de la ciudad y destronó al niño emperador, llamado Rómulo Augusto y apodado Augusto el Pequeño. Odoacro asumió el título de "rey de Italia" y desde ese año, 476 d.C., el Imperio Romano occidental desapareció. Desde la fundación de la ciudad y del estado (que se dice fue en 753 a.C.) hasta la caída del imperio, pasaron mil doscientos años. El Imperio Oriental, que tenía a Constantinopla por capital, duró hasta 1453 d.C.

Casi todas estas tribus invasoras fueron paganas en sus respectivos países. Los godos constituyeron una excepción pues ya Arrio los había convertido al cristianismo y tenían la Biblia en su propia lengua. De esta, las porciones aún existentes forman la primitiva literatura teutónica. Casi todas estas tribus conquistadoras llegaron a ser cristianas, en parte por medio de los godos, pero aun más por medio de la gente entre la que se establecieron. Con el tiempo los arrianos llegaron a ser creyentes ortodoxos. El cristianismo de esa época decadente era aún vital y activo y conquistó a estas razas conquistadoras. Estas a su vez, por su sangre vigorosa, contribuyeron a hacer una nueva raza europea. Ya hemos visto que la decadencia y caída del poder imperial romano solo provocó que aumentara la influencia de la iglesia de Roma y sus papas a través de toda Europa. De modo que aunque el imperio cayó, la iglesia aún conservaba su posición imperial.

Debemos ahora mencionar algunos de los líderes en este período de la Iglesia Imperial.

Atanasio (293-373 d.C.) fue el gran defensor de la fe en el principio del período. Hemos visto cómo se levantó a prominencia en la controversia de Arrio. En el Concilio de Nicea, en 325 d.C., fue el líder en la discusión aunque no tenía voto. Poco tiempo después, a los treinta y tres años de edad, fue obispo de Alejandría. Cinco veces lo desterraron, pero siempre luchó por la fe. Por último, llegó al final de su vida en paz y honor.

Ambrosio de Milán (340-397 d.C.), el primero de los padres latinos, fue electo obispo mientras era laico. En esta época aún no era bautizado, sino que estaba recibiendo instrucción para ser miembro. Tanto los arrianos como los ortodoxos se unieron en su elección. Llegó a ser una figura prominente en la iglesia. Por un acto cruel, reprendió al emperador Teodosio y lo obligó a hacer confesión. Después, el emperador lo trató con alta estimación y lo eligieron para predicar durante su funeral. Escribió muchos libros, pero su mayor honor consistió en recibir en la iglesia al poderoso Agustín.

Juan, apodado *Crisóstomo,* "la boca de oro" debido a su elocuencia sin igual, fue el más grande predicador del período. Nació en Antioquía en 345 d.C. Llegó a ser obispo o patriarca de Constantinopla en 398 d.C. y predicó a inmensas congregaciones en la Iglesia de Santa Sofía. Sin embargo, su fidelidad, independencia, celo reformador y valor, desagradaba a la corte. Lo desterraron y murió en el destierro en 407 d.C., pero lo vindicaron después de su muerte. Su cuerpo fue llevado a Constantinopla y enterrado con honores. Fue un poderoso predicador, un estadista y un expositor muy capaz de la Biblia.

Jerónimo (340-420 d.C.) fue el más erudito de los padres latinos. Recibió en Roma una educación en literatura y oratoria, pero renunció a los honores del mundo por una vida religiosa, fuertemente matizada de ascetismo. Estableció un monasterio en Belén y vivió allí por muchos años. De sus numerosos escritos el que tuvo una influencia más extensa fue su traducción de la Biblia a la lengua latina, una obra conocida como la Vulgata, a saber, la Biblia en lenguaje común, que aún es la Biblia autorizada de la Iglesia Católica Romana.

Agustín es el nombre más eminente de todo este período. Nació en 354 d.C. en el norte de África. Desde muy joven fue un brillante erudito, pero mundano, ambicioso y amante del placer. A los treinta y tres años llegó a ser cristiano por la influencia de su madre Mónica, la enseñanza de Ambrosio de Milán y el estudio de las epístolas de Pablo. En 395 d.C., le nombraron obispo de Hipona, en el norte de África, al empezar las invasiones de los bárbaros. Entre sus muchas obras, "La Ciudad de Dios" fue una magnífica defensa a fin de que el cristianismo ocupase el lugar del decadente imperio. Sus

"Confesiones" son una profunda revelación de su propio corazón y vida. Sin embargo, su fama e influencia están en sus escritos sobre teología cristiana, de la cual fue el mejor exponente desde el tiempo de Pablo. Murió en 430 d.C.

CUARTO PERÍODO

La iglesia medieval

*Desde la caída de Roma
(476 d.C.)
hasta la caída de
Constantinopla (1453 d.C.)*

Bosquejo de los capítulos 12—17

Cuarto período general: La iglesia medieval

Desde la caída de Roma: 476 d.C.
hasta la caída de Constantinopla: 1453 d.C.

I. Progreso del poder papal (capítulo 12)
1. *Período de crecimiento (590–1073 d.C.)*
   a. Poder para la justicia
   b. Incertidumbres del gobierno secular
   c. Constancia del gobierno de la iglesia
   d. Los "fraudes píos" medievales
      (1) Donación falsificada de Constantino
      (2) Falsas decretales de Isidoro
      (3) Evidencias de fraude
2. *Período de culminación (1073–1216 d.C.)*
   a. Gobierno de Hildebrando: Gregorio VII
      (1) Clero reformado
      (2) Iglesia liberada del estado
      (3) Iglesia suprema
   b. Gobierno de Inocencio III (1198–1216)
      (1) Sus afirmaciones
      (2) Elección del emperador
      (3) Gobierno en Roma
      (4) Sumisión del rey francés
      (5) Sumisión del rey inglés
3. *Período de decadencia*
   a. Bonifacio VIII (1303 d.C.)
   b. Cautividad babilónica (1305–1378 d.C.)
   c. Concilio de Constanza (1414 d.C.)

II. Surgimiento del poder musulmán (capítulo 13)
1. *Fundador: Mahoma (570–632 d.C)*
2. *Religión*
3. *Progreso del islamismo*
4. *Elementos de poder*
   a. Fe árabe
   b. Sumisión de los griegos asiáticos
   c. Carácter de la religión musulmana
5. *Aspectos favorables del islamismo*

a. Sencillez de doctrina
b. Oposición a la adoración a las imágenes
c. Rechazo de la mediación sacerdotal y de los santos
d. Abstinencia a las bebidas embriagantes
e. Primera promoción de la literatura y la ciencia

6. *Aspectos desfavorables del islamismo*
    a. Conversión mediante la conquista
    b. Religión secularizada
    c. Concepto de Dios
    d. Concepto de Cristo
    e. Concepto del cielo
    f. Degradación de la mujer
    g. Carencia de gobernación

III. El Santo Imperio Romano (capítulo 14)
    1. *Fundador: Carlomagno (742–814 d.C.)*
    2. *El imperio*
    3. *Grandes emperadores*
    4. *Los emperadores y los papas*
    5. *Decadencia y caída del imperio*

IV. Separación de las iglesias latina y griega (capítulo 14)
    1. *Causa doctrinal*
    2. *Causas en el gobierno y las costumbres*
    3. *Causa política*
    4. *Afirmaciones de Roma*

V. Las cruzadas: 1095–1270 d.C. (capítulo 15)
    1. *Origen*
    2. *Las ocho cruzadas*
        a. Primera cruzada (1095–1099): Godofredo de Bouillón
        b. Segunda cruzada (1147–1149): Luis VII, Conrado III
        c. Tercera cruzada (1189–1191): Federico, Felipe, Ricardo
        d. Cuarta cruzada (1201–1204): Constantinopla
        e. Quinta cruzada: (1217–1222)
        f. Sexta cruzada (1228–1229): Federico II
        g. Séptima cruzada (1248–1254): Luis IX
        h. Octava cruzada (1270–1272): Luis IX
    3. *Causas del fracaso*
        a. Discordias de los jefes
        b. Ideas limitadas

4. *Buenos resultados de las cruzadas*
   a. Peregrinos protegidos
   b. Supresión de las agresiones musulmanas
   c. Conocimiento y trato entre las naciones
   d. Impulso al comercio
   e. Efectos de poder para la iglesia

VI. Desarrollo del monacato (capítulo 16)
   1. *Órdenes monásticas*
      a. Benedictinos (529): San Benedicto
      b. Cistercienses (1209): San Roberto y San Bernardo
      c. Franciscanos (1209): San Francisco
      d. Dominicos (1215): Santo Domingo
   2. *Algunos beneficios del monacato*
      a. Centros de paz
      b. Hospitalidad
      c. Refugio a los necesitados
      d. Agricultura
      e. Literatura
      f. Educación
      g. Misiones
   3. *Algunos males del monacato*
      a. Exaltación del celibato
      b. Efectos sobre la vida social y nacional
      c. Lujo e inmoralidad
      d. Exaltación de contribuciones

VII. El arte y la literatura medieval (capítulo 16)
   1. *Universidades*
   2. *Catedrales*
   3. *Despertar de la literatura*
   4. *Despertar del arte*

VIII. Comienzos de la reforma religiosa (capítulo 17)
   1. *Albigenses (1170 d.C.)*
   2. *Valdenses (1170)*
   3. *Juan Wycliff (1324–1384)*
   4. *Juan Huss (1369–1415)*
   5. *Jerónimo Savonarola (1452–1498)*

IX. Caída de Constantinopla: 1453 d.C. (capítulo 17)

La iglesia medieval (476–1453 d.C.)

Primera parte
Progreso del poder papal.

En este período de casi mil años, nuestro interés se dirigirá a la iglesia occidental o latina. Su sede de autoridad estaba en Roma, que aún era la ciudad imperial, aunque su poder político ya no existía. Poca atención se le dará a la iglesia griega, gobernada desde Constantinopla, excepto cuando sus asuntos se relacionan a la historia del cristianismo europeo. No referimos los hechos en su orden cronológico, sino que examinamos grandes movimientos, a menudo paralelos.

El hecho más notable en los diez siglos de la Edad Media es el desarrollo del poder papal. Ya hemos visto cómo el papa de Roma afirmaba ser "obispo universal" y cabeza de la iglesia. Ahora afirma ser gobernador sobre las *naciones*, los reyes y emperadores. Este desarrollo tuvo tres períodos: crecimiento, culminación y decadencia.

El período de crecimiento del poder papal empezó con el pontificado de Gregorio I, "el Grande", y llegó a su apogeo bajo Gregorio VII, mejor conocido como Hildebrando. Debe notarse que desde los tiempos primitivos cada papa al asumir su oficio cambiaba de nombre y Gregorio VII es el único papa cuyo nombre de familia se destaca en la historia después de su ascensión a la silla papal. Gregorio I fue el eclesiástico del que se cuenta la conocida historia de que al ver algunos cautivos en Roma de cabello claro y de ojos azules, y al preguntar quiénes eran, se le contestó que eran "angli" (ingleses). A esto respondió: "Non angli, sed angeli" ("no anglos, sino ángeles"). Después, cuando llegó a ser papa, envió misioneros a Inglaterra para cristianizar al pueblo. Extendió el reino de su iglesia animado de un interés activo en la conversión de las naciones europeas que aún permanecían paganas y trayendo a la fe ortodoxa a los arrianos visigodos en España. Gregorio resistió con éxito las pretensiones del patriarca de Constantinopla al título de obispo universal. Convirtió a la iglesia en virtual gobernante en la provincia alrededor de Roma. De esta manera preparó el poder temporal o político. También desarrolló ciertas doctrinas de la iglesia romana, sobre todo la adoración de las imágenes, el purgatorio y la transubstanciación, o la creencia de que en la misa o comunión el pan y el vino se transforman milagrosamente en el verdadero cuerpo y la sangre de Cristo. Fue un gran defensor de la vida monástica, habiendo sido monje él mismo. Gregorio I fue uno de los administradores más capaces en la historia de la iglesia romana y bien merecía su título "el Grande". Bajo una serie de papas y durante cientos de años la autoridad del pontificado romano aumentó y se reconoció en sentido general. Se pueden nombrar ciertas causas para este creciente poder del papado.

Una razón de por qué tantos aceptaban el gobierno de la sede romana se debía a que en las primeras épocas de este período, la influencia de los papas estaba sobre todo en su poder para ejercer la justicia. La iglesia estaba colocada entre los príncipes y sus súbditos para reprimir la tiranía e injusticia, para proteger a los débiles y para demandar los derechos del pueblo. En los palacios se persuadió a más de un gobernante a recibir de nuevo una esposa repudiada injustamente y a observar cuando menos la forma exterior de la decencia. Hubo muchas excepciones, pues se sabe de papas que adulaban a príncipes impíos, pero el espíritu general del papado al principio de la Edad Media era en favor del buen gobierno.

Las rivalidades e incertidumbres del gobierno secular estaban en marcado contraste con la firmeza y uniformidad del gobierno de la iglesia. Durante casi todos estos siglos Europa estuvo en condición decadente, pues sus gobernantes se levantaban y caían, un castillo luchaba contra otro y no existía autoridad plena y duradera. El antiguo imperio cayó en el siglo quinto y Europa estuvo casi en un caos hasta el siglo noveno, cuando el imperio de Carlomagno se estableció. Casi todos sus sucesores inmediatos fueron hombres débiles, muchos de ellos buscaron la ayuda de Roma y estuvieron dispuestos a hacer concesiones de poder para obtenerla. Una vez que la iglesia obtenía el poder a expensas del estado, lo retenía con firmeza.

Mientras que el gobierno de los estados cambiaba, por otro lado estaba el imperio constante de la iglesia. Durante todos estos siglos de condiciones variables e inestables, la iglesia permanecía fuerte, la única institución firme y oficial. El clero era el que casi invariablemente sostenía las exigencias de dominio de Roma, desde el arzobispo hasta el sacerdote más humilde. Durante la Edad Media, como veremos más tarde, hubo un enorme crecimiento del monacato y monjes y abades se plegaban a los sacerdotes y obispos en cada disputa relativa al poder. La iglesia tenía sus fuertes aliados por todas partes y nunca fallaban en la promoción de sus intereses.

Aunque el hecho nos parezca extraño, en la Edad Media se presentó un número de "fraudes píos" para sostener la autoridad de Roma. En una época científica e inteligente los fraudes se hubieran investigado, desaprobado y desacreditado. Sin embargo, la erudición de la Edad Media no era dada a la crítica. Nadie dudaba de la verdad de los documentos. Circulaban ampliamente, se aceptaban en todas partes y por medio de ellos las afirmaciones de Roma se afianzaban con fuerza. Pasaron varios siglos antes de que se sugiriera que estos documentos se basaban en la falsedad y no en la verdad.

Uno de estos documentos fraudulentos fue la "Donación de Constantino". Mucho después de la caída del Imperio Romano en Europa se puso en circulación un documento con el propósito de demostrar que Constantino, el primer emperador cristiano, había dado al obispo de Roma, Silvestre I (314–335 d.C.), autoridad suprema sobre todas las provincias europeas del imperio y proclamó al obispo de Roma como gobernante aun sobre los emperadores. El documento explicaba que el traslado de la capital de Roma a Constantinopla se debió a que el emperador no permitiría a ningún potentado permanecer en Roma como rival del papa.

De mucha más influencia fue otro fraude, o serie de fraudes, las "Decretales Seudoisidorianas" que se publicaron alrededor de 830 d.C. Profesaban ser decisiones adoptadas por los obispos primitivos de Roma, desde los apóstoles en escala descendente, presentando las más elevadas reclamaciones, tales como: supremacía absoluta del papa de Roma sobre la iglesia universal; independencia de la iglesia del estado; inviolabilidad del clero en todos sus rangos hasta el punto de que no estaba obligado a darle cuenta al estado, ni siquiera ningún tribunal secular podía juzgar en asuntos del clero o la iglesia.

En las épocas de ignorancia y de falta de crítica estos documentos se aceptaban sin vacilar. Por cientos de años formaron un baluarte para las reclamaciones romanas. Nadie dudó de su autenticidad hasta el siglo doce, cuando la iglesia ya estaba anclada en el poder. Solo en los albores de la Reforma en el siglo dieciséis se examinaron estas reclamaciones y se comprobó que carecían de fundamento. Algunas de las evidencias en su contra fueron las siguientes:

Su lenguaje no era el latín primitivo de los siglos primero y segundo, sino el lenguaje corrupto y mixto de los siglos octavo y noveno. Los títulos y las condiciones históricas a que se referían no eran los del imperio, sino los de la Edad Media, muy diferentes. Las frecuentes citas de la Escritura eran de la versión Vulgata (Latina), que no se tradujo sino hasta el año 400 d.C. Se ofrecía una carta que se decía haber sido escrita por Víctor, obispo de Roma 220 d.C., a Teófilo, obispo de Alejandría, quien vivió en 400 d.C. ¿Qué pensaríamos en nuestra época acerca de la autenticidad de una carta que se dijera que la envió la reina Elizabeth II a George Washington?

El desarrollo del poder papal aunque siempre ascendente, no era constante. Hubo príncipes fuertes que lo resistieron, así como príncipes débiles que se sometían a él. Algunos de los papas eran débiles y otros eran malvados, sobre todo entre 850 y 1050 d.C. Estos desacreditaban su puesto, aun en el tiempo de su más elevado grado de supremacía.

El período de culminación fue entre 1073 y 1216 d.C., alrededor de ciento cincuenta años, en que el papado tuvo un poder casi absoluto, no solo sobre la iglesia, sino sobre las naciones de Europa.

Esta elevada posición se alcanzó durante el gobierno de Hildebrando, el único papa más conocido por su nombre de familia que por el nombre asumido como papa, Gregorio VII. Durante veinte años, Hildebrando gobernó realmente a la iglesia como el poder tras el trono antes de emplear la triple corona. Asimismo, durante su papado y hasta su muerte acaecida en 1085 d.C.

Hildebrando reformó el clero que se había corrompido y

quebrantó, aunque solo por un tiempo, la simonía o la compra de puestos en la iglesia. Levantó las normas de moralidad en todo el clero e impuso el celibato del sacerdocio, que aunque se exigía no fue obligatorio hasta su día.

Libertó a la iglesia de la dominación del estado al poner fin al nombramiento de los papas y los obispos por reyes y emperadores. Requirió que todas las acusaciones en contra de los sacerdotes y las relacionadas con la iglesia se juzgasen en cortes eclesiásticas. La costumbre había sido que el obispo recibiese cetro y anillo de su soberano y que este le prometiera fidelidad feudal como su señor secular. Esto equivalía a que el gobernante nombrara a los obispos. Hildebrando prohibió la presentación y la promesa.

Hizo que la iglesia fuese suprema sobre el estado. El emperador, Enrique IV, habiéndose ofendido con el papa Gregorio, convocó un sínodo de obispos alemanes y los indujo a votar por la deposición del papa. Gregorio se vengó con una excomunión, absolviendo a todos los súbditos de Enrique IV de su lealtad hacia este último. Enrique se vio absolutamente impotente bajo la excomunión papal. En enero de 1077, el emperador, "habiendo puesto a un lado todas las posesiones reales, con los pies descalzos y vestido de lana, permaneció por tres días de pie ante la puerta del castillo",* en Canosa al norte de Italia, donde estaba el papa, a fin de someterse y recibir perdón. Debe agregarse, sin embargo, que tan pronto como Enrique recuperó el poder, le hizo guerra al papa y lo sacó de Roma. Hildebrando murió poco después, dejando este testimonio: "He amado la justicia y aborrecido la iniquidad. Por lo tanto, muero en el exilio." Sin embargo, el registro del triunfo del papa influyó más que el de su derrota más tarde.

Gregorio VII no aspiraba a abolir el gobierno del estado, sino a subordinarlo al gobierno de la iglesia. Deseaba el poder secular para gobernar al pueblo, pero bajo la más elevada jurisdicción del reino espiritual, como él lo consideraba.

Otro papa cuyo reino demostró su alto grado de poder fue Inocencio III (1198–1216). En su discurso de inauguración declaró: "El

---

* Estas son las palabras del papa Gregorio VII al informar el hecho. De aquí viene la expresión "ir a Canosa", que significa sumisión al papa o a la iglesia.

sucesor de San Pedro ocupa una posición intermedia entre Dios y el hombre. Es inferior a Dios mas superior al hombre. Es el juez de todos, mas nadie lo juzga." En una de sus cartas oficiales escribió que al papa "no solo se le encomendó la iglesia, sino todo el mundo", con "el derecho de disponer finalmente de la corona imperial y de todas las demás coronas". Elegido para ocupar el cargo a los treinta y seis años, a través de su reinado sostuvo con éxito estas altas pretensiones.

Eligió para desempeñar las funciones de emperador a Otón IV de Brunswick, quien reconoció en público que tenía la corona "por la gracia de Dios y la sede apostólica". Más tarde, debido a la insubordinación de Otón, lo depuso e hizo que se eligiera a otro emperador. Asumió el gobierno de la ciudad de Roma decretando leyes para sus funcionarios siendo él mismo señor supremo. En realidad estableció de este modo un estado bajo el gobierno directo del papado, gobierno que fue el precursor de los "Estados de la Iglesia". Obligó al licencioso Felipe Augusto, rey de Francia, a que recibiese de nuevo a su esposa de quien se había divorciado injustamente. Excomulgó al rey Juan sin Tierra (inglés), le obligó a rendir su corona al legado papal y a recibirla de nuevo como súbdito del papa. Inocencio III puede considerarse como el mayor de los papas en poder autocrático. Sin embargo, no hubiera llegado a tal grado de autoridad si Hildebrando no hubiese alcanzado la grandeza antes que él.

Mientras Europa salía del crepúsculo de la Edad Media y la lealtad nacional se levantaba para competir con la eclesiástica, la decadencia del poder papal empezó con Bonifacio VIII en 1303. Tenía pretensiones tan elevadas como cualquiera de sus predecesores, pero se pasaban por alto. Bonifacio prohibió a Eduardo I de Inglaterra que decretase impuestos a la propiedad de la iglesia y a las entradas o tesoros sacerdotales. Sin embargo, se vio obligado a ceder al rey, aunque en forma de arreglo por el cual los sacerdotes y obispos *daban* parte de sus entradas para las necesidades del reino. Riñó con Felipe el Hermoso de Francia, quien le hizo guerra, se apoderó del papa y le encarceló. Aunque lo liberaron, murió de tristeza poco después. Desde 1305, durante más de setenta años, los papas se eligieron bajo las órdenes de los reyes de Francia y estaban subordinados a su voluntad.

Al período de 1305 a 1378 se le conoce como la Cautividad Babilónica. Por orden del rey francés, la sede del papado se trasladó de Roma a Aviñón, al sur de Francia. Los papas se convirtieron en jefes nominales sin verdadera influencia o poder bajo el gobierno francés. Otros aspirantes al papado surgieron en Roma y por doquier, en diferentes países, papas y antipapas. Las órdenes papales se desobedecían libremente. Las excomuniones se obviaban. Por ejemplo, Eduardo III de Inglaterra ordenó al legado papal que saliera de su reino.

En 1378 el papa reinante, Gregorio XI, volvió a Roma y en 1414 se celebró el Concilio de Constanza para decidir entre las reclamaciones de cuatro papas. Todos se depusieron y se escogió uno nuevo. Desde 1378, los papas han continuado morando en Roma. Como siempre, alentando pretensiones muy elevadas, pero incapaces de ponerlas en vigor.

La iglesia medieval (476–1453 d.C.)

Segunda parte
Surgimiento del poder musulmán.

El movimiento que enseguida reclama nuestra atención es la religión y el imperio que Mahoma fundó al principio del sexto siglo y que arrebató provincia tras provincia de los emperadores griegos de Constantinopla, hasta su extinción final. Esto trajo a la iglesia oriental a una sujeción que rayaba en la esclavitud. Incluso, amenazaba con la conquista de Europa. Después de trece siglos la fe mahometana aún domina a más de doscientos millones de personas y en el continente de África sigue creciendo.

Su fundador fue Mahoma, nacido en La Meca, Arabia, en 570 d.C. A los cuarenta años de edad, en 610, empezó su carrera como profeta y reformador. Al principio ganó discípulos lentamente, pero su causa creció lo suficiente para encontrar persecución. Huyó de La Meca en 622 d.C. y su fuga, la hégira, proporciona la fecha por la que se rige el calendario mahometano. Tuvo éxito en poner bajo su religión y autoridad a las tribus árabes esparcidas y regresó a La Meca como conquistador. Al morir, en 632 d.C., era el profeta y gobernante aceptado por toda Arabia.

A su religión se le denomina islamismo, "sumisión", esto es, obediencia a la voluntad de Dios. A sus seguidores se les llaman musulmanes, pues nunca usan el nombre "mahometano". Los artículos de fe, como los exponen, son: Hay un solo Dios, al que llaman Alá (siendo la palabra de origen común con la similar hebrea "Elohim"). Todos los hechos buenos o malos Dios los ha preestablecido, por lo tanto, en cada acto se lleva a cabo la voluntad de Dios. Hay multitudes de ángeles invisibles, buenos y malos, que se relacionan constantemente con los hombres. Dios entregó su revelación en el Corán, una serie de mensajes comunicados a Mahoma por medio del ángel Gabriel, aunque no se compilaron sino hasta después de la muerte del profeta. Dios envió profetas inspirados a los hombres, de ellos los más grandes fueron Adán, Moisés, Jesús y, sobre todos los demás, Mahoma. Los profetas bíblicos, apóstoles cristianos y santos que vivieron antes de Mahoma se reconocen y adoptan como suyos. En el más allá habrá una resurrección final, el juicio y el cielo o el infierno para cada hombre.

Al principio, Mahoma dependía de las influencias morales al predicar su evangelio. Pero pronto cambió sus métodos y se hizo guerrero, conduciendo a sus unidos y feroces árabes a la conquista de los incrédulos. Presentó a todo país o tribu la alternativa entre el islamismo, el tributo o la muerte para los que resistían sus armas. En poco tiempo, conquistaron Palestina y Siria y los lugares santos del cristianismo cayeron bajo el poder del islamismo.

Conquistaron una provincia tras otra del Imperio Grecorromano. Pronto todo lo que quedó fue la ciudad de Constantinopla, de modo que los países del cristianismo primitivo se convirtieron en súbditos. Donde los cristianos se sometían, su adoración se les permitía bajo algunas restricciones. Hacia el Oriente, el imperio de los califas se extendió más allá de Persia hasta la India. Su capital estaba en Bagdad, en las márgenes del Tigris. Hacia el Occidente, sus conquistas incluían Egipto, todo el norte de África y la mayor parte de España. Casi todo este vasto imperio se conquistó durante los cien años después de la muerte de Mahoma. Sin embargo, en Europa occidental Carlos Martel contuvo su progreso al sur de Francia. Este unió a las tribus discordantes bajo la dirección de los francos y obtuvo una victoria decisiva en Tours, en 732 d.C. A no haber sido por la batalla de Tours, es probable que toda Europa se hubiera convertido en un continente mahometano y la media luna hubiera ocupado el lugar de la cruz.

He aquí una pregunta interesante: ¿Por qué triunfaron la religión y las armas mahometanas sobre el mundo oriental? Daremos algunas de las causas. Los creyentes primitivos en Mahoma eran los fieros guerreros árabes, jamás conquistados por ningún enemigo extranjero y que seguían a su profeta con una sincera e intensa fe que todo lo conquistaba. Creían ejecutar la voluntad de Dios y que su destino era triunfar. Todo aquel que caía en la batalla con los incrédulos estaba destinado a entrar de inmediato a un cielo o deleite sensual. Contrario a este espíritu invencible, viril y conquistador, estaba la naturaleza sumisa y débil de los griegos asiáticos. Desde siglos remotos estas tierras se sometieron mansamente a los conquistadores. Su gente perdió el vigor, preferían rendirse que tomar la espada y pagar tributo en lugar de defender su libertad. Gran parte de la población del Imperio Griego eran monjes y eclesiásticos, listos para orar pero no para pelear.

El islamismo fue muy superior al paganismo al cual desplazó en Arabia y en tierras al este de esa península. Además, debe admitirse que era más fuerte que el tipo de cristianismo que encontró y venció. Desde mucho antes, la iglesia oriental, no así la occidental, había cesado en sus esfuerzos misioneros, había perdido su energía y se inclinaba a la especulación en vez de al esfuerzo moral o espiritual.

En su grado más elevado, en la religión de Mahoma se encontraban, y aún se encuentran, algunos aspectos favorables, elementos de valor para el mundo. Uno era su sencillez de doctrina. Creía en un Dios al que cada hombre debía obedecer incondicionalmente. No tenía un sistema de teología intrincado y misterioso que diera lugar a controversias interminables e inútiles. No hacía falta erudición para entender los artículos de la fe mahometana. Otro rasgo del islamismo era su oposición a la adoración de las imágenes. Por todo el mundo cristiano las estatuas de los dioses antiguos de Grecia simplemente habían dado el lugar a las imágenes y cuadros de la virgen María y de los santos, adorados en todos los templos. Los musulmanes los lanzaron fuera y destruyeron y denunciaron como idolatría toda adoración de imágenes, ya fuesen esculpidas o pintadas. Los mahometanos también rechazaban la mediación sacerdotal y de los santos. La iglesia hacía que la salvación dependiese, no de la fe sencilla en Cristo y la obediencia a él como Señor, sino en ritos sacerdotales e intercesión de los santos que habían partido. Los mahometanos quitaron todo eso y en su doctrina procuraban llevar a toda alma directamente a Dios.

En todo el mundo musulmán se encuentra la regla de abstinencia de bebidas embriagantes. La primera "sociedad de temperancia" en la historia del mundo fue la de los nazareos de Israel. Y sus sucesores en mayor escala, los de la religión de Mahoma, que prohibía a sus fieles tomar vino o licor embriagante. Esto todavía se tiene como un principio, pero no se pone en práctica universalmente cuando los mahometanos viven en contacto con los europeos.

En el período primitivo, bajo califas, tanto la literatura como la ciencia adelantaron. Los árabes nos dieron la numeración arábiga (1, 2, 3, 4, etc.) que fue un gran adelanto con respecto al sistema romano de numeración mediante letras (I, V, X, etc.). En el campo de la astronomía dieron a conocer una de las primeras clasificaciones de las estrellas. Las cortes de los califas de Bagdad eran un centro literario. La España mahometana estaba más adelantada en cultura y civilización que los reinos cristianos de ese período en la península. Pero todo el progreso intelectual cesó cuando los turcos bárbaros sucedieron a los ilustres sarracenos como jefes en el movimiento islámico.

Para no hacer nuestro cuadro del islamismo más favorable de lo que la verdad pueda apoyar, debemos fijarnos por otra parte en aquello en que el islamismo ha fallado, sus errores y sus males. Su primer mal a la humanidad, su método de esfuerzo misionero mediante la espada, promoviendo entre los hombres el odio en lugar del amor. Dondequiera que una ciudad resistía su conquista, morían sus hombres, llevaban las mujeres a los harenes de los victoriosos y educaban los niños en la fe islámica. Durante muchos siglos los turcos tuvieron la costumbre de tomar miles de niños cristianos, arrebatarlos de sus padres y criarlos en provincias distantes como musulmanes fanáticos.

En el antiguo concepto islámico el estado y la iglesia eran absolutamente uno. Se esperaba que el gobierno emplease su poder hasta donde fuera posible para el adelanto de la verdadera religión y supresión de la falsa. Antes de la Primera Guerra Mundial, 1914–1918, el sultán de Turquía era también el califa ("sucesor de Mahoma"). Cuando Turquía se convirtió en república, destronaron al sultán y abolieron el califato. Con la modernización de Turquía, se efectuaron otros cambios. Un hecho significativo fue la traducción del Corán al idioma vernáculo. En Estambul, en 1932, el Corán se leyó en la mezquita de Santa Sofía por primera vez en el idioma turco.

El concepto mahometano de Dios se basa más bien en el Antiguo

Testamento que en el Nuevo Testamento. Para la mentalidad árabe, Dios es un déspota oriental, implacable y terrible, sin amor para la humanidad fuera de los seguidores del Profeta.

El islamismo prácticamente deja a Cristo fuera de su sistema. En el concepto mahometano no es el Señor del reino celestial, ni el Hijo de Dios, el Salvador del mundo. Lo reducen al rango de un profeta judío, inferior en todo respecto a Mahoma.

Su concepto del cielo, la morada de los bienaventurados en la vida venidera, está falto por completo de espiritualidad y es del todo sensual.

Una de las características más indigna de la religión mahometana era la degradación de la mujer. Las mujeres se consideraban como simples esclavas o juguetes del hombre. La Turquía moderna ha remediado esta condición y en 1930 se les dio el derecho al voto y a nominarse en las elecciones municipales. Pero fuera de Turquía el mundo mahometano tiene a la mujer en poca estima.

En el terreno de la historia y la política, quizás el más marcado fracaso del estado mahometano ha sido en el aspecto de la administración nacional. En sus conquistas, los mahometanos eran maravillosos, casi milagrosos. Barrían en irresistible torrente a través de continentes, desde China hasta España. Sin embargo, no demostraron fuerza para establecer un gobierno sabio y justo en los imperios que fundaban. Los países islámicos eran los que peor se gobernaban en el mundo. Pongamos en contraste la historia de los turcos en este sentido con la de los antiguos romanos, que demostraron que no solo podían conquistar un gran imperio, sino también gobernarlo con sabiduría, trayendo prosperidad a cada país que conquistaban.

CAPÍTULO 14

La iglesia medieval (476-1453 d.C.)

Tercera parte

*El Santo Imperio Romano.
Separación de las iglesias latina y griega.*

Desde el siglo noveno hasta el decimonoveno existió en Europa una entidad política singular que demostró poseer distintas características en diferentes generaciones. El nombre oficial era el Santo Imperio Romano, aunque en forma común pero incorrecta se le denominaba el Imperio Germano. Hasta su aparición, la Europa situada al oeste del mar Adriático estaba en desorden, gobernada por tribus guerreras en lugar de que la gobernaran estados. Sin embargo, en medio de toda la confusión, el antiguo concepto romano de unidad y orden permaneció. La aspiración de un imperio a ocupar el lugar de aquel que, aunque caído, aún se tenía en veneración tradicional.

A finales del siglo octavo se levantó uno de los hombres más grandes de todos los tiempos: Carlos I el Grande (742–814 d.C.). Los germanos lo aclamaron como Carlos el Grande y los franceses como Carlomagno. Era nieto de Carlos Martel, el vencedor en Tours (732 d.C.), y rey de los francos, que era una tribu germana que dominaba una gran parte de Francia. Carlos se constituyó a sí mismo en amo de casi todos los países en la Europa occidental, el norte de España, Francia, Alemania, los Países Bajos, Austria e Italia; un imperio en verdad.

Al visitar a Roma en la Navidad de 800 d.C., el papa León III lo coronó como Carlos Augusto, emperador de Roma. Constantino y los antiguos emperadores romanos lo consideraron sucesor de Augusto. Reinó en su vasto dominio con poder y sabiduría. Fue un conquistador, reformador, legislador, protector de la educación y de la iglesia.

En teoría, su imperio duró mil años, pero solo por un corto tiempo su autoridad sobre Europa fue real. La debilidad e incapacidad de los descendientes de Carlomagno, el desarrollo variado de los diferentes estados e idiomas y los conflictos de intereses nacionales hicieron que la autoridad del Santo Imperio Romano o Germano se limitase principalmente al oeste del Rin. Aun en Alemania los estados menores llegaron a ser prácticamente independientes, guerreaban entre sí y la mayor parte del tiempo estaban solo nominalmente bajo el dominio del emperador. A este se le reconocía como jefe titular del cristianismo europeo y en Francia, Inglaterra y los estados escandinavos se le honraba, pero no lo obedecían. Debido a que su autoridad, tal como era, se limitaba a Alemania y en pequeña escala a Italia, su reino se le ha llamado casi siempre el "Imperio Germano".

Después que los decadentes sucesores de Carlomagno perdieron el trono, al emperador lo elegía un electorado compuesto por siete príncipes. De los cincuenta y cuatro emperadores solo podemos mencionar unos cuantos de los más grandes después del tiempo de Carlomagno. Enrique I (el Pajarero), 919–936, empezó la restauración del imperio que había decaído. Sin embargo, a su hijo Otón I (el Grande), aun cuando no lo coronaron emperador hasta 951, se le considera como el verdadero fundador del Imperio Germano, distinto al romano. El reinado de Otón I se extendió hasta 978. Federico "Barbarroja" fue uno de los más poderosos en la sucesión de emperadores. Participó en la tercera cruzada, pero se ahogó en Asia Menor y su muerte condujo al fracaso la expedición. A Federico II, nieto de Barbarroja, se le ha llamado "la maravilla y enigma de la historia, ilustre y progresista, el hombre más liberal de su época", debido a sus ideas de gobierno y religión. El papa lo excomulgó dos veces, pero en la quinta cruzada se autoproclamó rey de Jerusalén. Rodolfo I de Habsburgo, fundador de la Casa de Austria, recibió la corona imperial en 1273, cuando no significaba mucho más que un título sin valor. Sin embargo, obligó a los príncipes y barones a someterse a su autoridad. Desde su época, Austria fue el estado más poderoso en la confederación germana y casi todos los emperadores descendían de él, los archiduques de ese país. Carlos V, emperador al principio de la Reforma (1519–1556), gobernó también por herencia Austria, España y los Países Bajos. Hizo lo mejor que pudo, pero sin éxito, para sostener los países que estaban bajo su dominio en la religión antigua. En 1556 abdicó voluntariamente y pasó los últimos dos años de su vida en retiro.

Por muchos siglos, al principio de la historia del imperio, hubo fuerte rivalidad y algunas veces guerra entre los emperadores y los papas. Los emperadores lucharon por gobernar la iglesia, los papas lucharon por dominar el imperio. Hemos visto cómo el papa Gregorio VII (Hildebrando) en una época exigió la sumisión del emperador, y cómo Inocente III ponía y quitaba emperadores y reyes. Sin embargo, la lucha fue menos intensa y cesó después de la Reforma cuando las líneas divisorias entre la iglesia y el estado al fin se fijaron.

Cuando el reino de Austria se hizo más importante, los emperadores se ocuparon mucho más de sus dominios hereditarios. Los muchos estados del imperio llegaron a ser prácticamente independientes, hasta que el título de emperador era poco más que un honor sin significado. En el siglo dieciocho, el ingenioso Voltaire dijo que "el Santo Imperio Romano no era ni santo, ni romano y menos un imperio". La sucesión de emperadores terminó en 1806, cuando Napoleón estaba en la cumbre de su poder. En ese año obligaron a Francisco II a renunciar al título de "emperador del Santo Imperio Romano", y en su lugar asumió el de "emperador de Austria".

La separación de las iglesias latina y griega se hizo formalmente en el siglo once, aunque en la práctica se efectuó mucho antes. Durante cien años, la relación normal entre papas y patriarcas se caracterizó por la lucha. Al final, en 1054 d.C., el mensajero del papa puso sobre el altar de Santa Sofía, en Constantinopla, el decreto de excomunión. En base a esto, el patriarca en turno expidió su decreto de excomunión a Roma y a las iglesias que se sometían al papa. Desde ese tiempo las iglesias latina y griega se mantuvieron separadas, no reconociendo ninguna la existencia eclesiástica de la otra. La mayoría de las cuestiones de discusión que formaron las causas conducentes a la separación parecen casi triviales en nuestros días. Sin embargo, durante siglos fueron temas de violenta controversia y a veces de cruel persecución.

Doctrinalmente, la principal diferencia estaba en la doctrina conocida como "la procedencia del Espíritu Santo". Los latinos repetían:

"El Espíritu Santo procede del Padre y *del Hijo*" (*filioque* en latín).
Los griegos decían que procedía "del Padre", dejando fuera la palabra
filioque. Sobre esa sola palabra se realizaron muchos debates, se escribieron innumerables libros y aun se derramó sangre en amarga lucha.

En las ceremonias de la iglesia, diferentes usos llegaron a ser costumbre en Oriente y Occidente, y estas costumbres se formularon en
leyes. En la iglesia occidental se prohibió el matrimonio de los sacerdotes, pero se sancionó en la oriental. Actualmente, en toda la iglesia
griega, cada sacerdote de pueblo (que lleva el título de "papa", equivalente a "padre" entre los catolicorromanos) debe ser casado. En las
iglesias occidentales la adoración de imágenes se ha puesto en práctica
durante mil años, mientras que en las iglesias griegas uno no ve estatuas, sino solo cuadros. Sin embargo, los cuadros están en relieve,
como imágenes en bajo relieve, y se les estima con la reverencia más
profunda. En el servicio de la misa, las iglesias romanas usan el pan sin
levadura (la hostia), mientras que en la comunión griega se distribuye
pan común. Como protesta contra la observancia judía del séptimo
día, surgió la práctica de ayuno en sábado en Occidente, pero nunca
se observó en Oriente. Más tarde, el día de ayuno catolicorromano se
cambió al viernes, el día de crucifixión de nuestro Señor.

Más profunda que estas diferencias de ceremonias para causar la
separación de las iglesias latina y griega fue la causa política de la independencia de Europa del trono de Constantinopla, en el establecimiento del Santo Imperio Romano (800 d.C.). Aun después de la caída del antiguo Imperio de Roma en 476 d.C., la idea imperial todavía
tenía fuerza. Los nuevos reinos bárbaros: godos, francos y otras razas,
de una manera vaga se consideraban teóricamente como bajo el emperador de Constantinopla. Sin embargo, cuando Carlomagno estableció el Santo Imperio Romano, ocupó el lugar del antiguo imperio
en forma separada e independiente de los emperadores de Constantinopla. Un estado independiente necesitaba una iglesia independiente.

Sin embargo, el factor más poderoso que condujo a la separación
fueron las continuas reclamaciones de Roma de ser la iglesia dominante y su papa de ser el "obispo universal". En Roma, la iglesia dominó poco a poco al estado. En Constantinopla, la iglesia estaba sumisa al estado. De manera que era inevitable el cisma entre ambas
secciones con conceptos opuestos. La separación final de las dos grandes divisiones de la iglesia vino, como ya vimos, en 1054 d.C.

La iglesia medieval
(476–1453 d.C.)

Cuarta parte
Las cruzadas.

Otro gran movimiento en la Edad Media, bajo la inspiración y bajo el mando de la iglesia, fueron las cruzadas. Estas comenzaron a finales del siglo once y continuaron durante casi trescientos años. Desde el siglo cuarto en adelante, incluso hasta el tiempo actual, multitudes realizaron peregrinaciones hasta Tierra Santa. Alrededor del año 1000 d.C., el número de peregrinos aumentó de forma considerable cuando se esperaba casi universalmente el fin del mundo y la venida de Cristo. Incluso después, cuando esos acontecimientos no ocurrieron, las peregrinaciones continuaron. Al principio, los gobernantes musulmanes de Palestina favorecieron las cruzadas. Sin embargo, más tarde los peregrinos sufrieron opresión, robo y algunas veces hasta la muerte. Al mismo tiempo, los musulmanes estaban amenazando al debilitado Imperio Oriental y el emperador Alejo le pidió al papa Urbano II que enviase a los guerreros de Europa en su ayuda. Por todas partes, en Europa se despertó el espíritu de libertar Tierra Santa del dominio musulmán y de este impulso resultaron las cruzadas.

Las cruzadas principales fueron ocho, además de muchas otras expediciones de menor importancia a las que también se les dio este nombre. La primera cruzada la proclamó el papa Urbano II en 1095 d.C., en el Concilio de Clermont, donde una multitud de caballeros tomaron la cruz como insignia y se alistaron en contra de los sarracenos. Antes de que la expedición principal se organizara del todo, un monje llamado Pedro el Ermitaño convocó a una multitud indisciplinada, que se dice fue de cuarenta mil personas, y la condujo al Oriente esperando ayuda milagrosa. Su desprovisto y desorganizado populacho fracasó. A muchos de sus miembros los hicieron esclavos y a otros mataron.* Pero la primera cruzada verdadera la emprendieron doscientos setenta y cinco mil de los mejores guerreros de todo país de Europa, conducida por Godofredo de Bouillon y otros jefes. Después de muchos contratiempos, sobre todo por falta de disciplina y disensión entre los líderes, tuvieron finalmente éxito en tomar la ciudad de Jerusalén y casi toda Palestina en 1099. Establecieron un reino sobre principios feudales y como Godofredo rechazó el nombre de rey, lo nombraron "barón y protector del Santo Sepulcro". Al morir Godofredo, su hermano Balduino asumió el título de rey. El reino de Jerusalén duró hasta 1187 d.C., aunque siempre en una condición precaria por estar rodeado, excepto por el mar, del Imperio Sarraceno y por estar muy distante de sus aliados naturales en Europa.

La segunda cruzada se convocó por las noticias de que los sarracenos estaban conquistando las provincias situadas a poca distancia del reino de Jerusalén, amenazando la ciudad misma. Bajo la predicación de San Bernardo de Claraval, Luis VII de Francia y Conrado III de Alemania condujeron un gran ejército para socorrer los lugares santos. Sufrieron muchas derrotas, pero finalmente llegaron a la ciudad. No pudieron recuperar el territorio perdido, pero sí postergaron por una generación la caída final del reino.

En 1187 d.C., los sarracenos reconquistaron Jerusalén bajo Saladino y el reino de Jerusalén llegó a su fin. Aunque el simple título "rey de Jerusalén" se siguió usando por mucho tiempo después.

La caída de la ciudad despertó a Europa a la tercera cruzada (1189–1191) que condujeron tres soberanos prominentes: Federico

---

* La historia de la cruzada de Pedro el Ermitaño se basa en
  fuentes inciertas de información y algunos historiadores
  modernos la ponen en duda.

Barbarroja de Alemania, Felipe Augusto de Francia y Ricardo Corazón de León de Inglaterra. Pero, Federico, el mejor general y estadista, se ahogó y los dos reyes restantes se disgustaron. Felipe Augusto se fue a su patria y todo el valor de Ricardo no fue suficiente para llevar su ejército hasta Jerusalén. No obstante, concertó un tratado con Saladino, por medio del cual los peregrinos cristianos obtuvieron el derecho de visitar el Santo Sepulcro sin ser molestados.

La cuarta cruzada (1201–1204 d.C.) fue peor que un fracaso porque al final perjudicó mucho a la iglesia cristiana. Los cruzados desistieron de su propósito de ganar Tierra Santa e hicieron guerra a Constantinopla, la capturaron, saquearon y establecieron su propio gobierno sobre el Imperio Griego que duró cincuenta años. A ese imperio lo dejaron tan indefenso, que simplemente era un insignificante baluarte en contra del creciente poder de los turcos. Raza guerrera, no civilizada, que siguió a los sarracenos como el poder dominante musulmán después de la terminación del período de las cruzadas.

La quinta cruzada (1217–1222 d.C.) la realizaron Juan de Brienne, rey de Jerusalén, y Andrés II, rey de Hungría. Los citados monarcas atacaron sin resultado a los sarracenos en Egipto y Siria.

En la sexta cruzada (1228–1229 d.C.) el emperador Federico II, aunque excomulgado por el papa, condujo un ejército a Palestina y obtuvo un tratado por el cual cedieron Jerusalén, Jafa, Belén y Nazaret a los cristianos. Puesto que ningún eclesiástico romano lo coronaría estando bajo la expulsión papal, Federico se coronó a sí mismo rey de Jerusalén. Debido a esto, el título "rey de Jerusalén" lo usaron todos los emperadores germanos y después los de Austria hasta 1835 d.C. Sin embargo, por el disgusto entre el papa y el emperador, se perdieron los resultados de la cruzada. En 1244 d.C., los musulmanes tomaron de nuevo Jerusalén y desde entonces permaneció bajo su dominio.**

** El 8 de diciembre de 1917 la ciudad de Jerusalén se entregó al ejército británico y el 11 de diciembre el general británico entró en la ciudad y tomó posesión oficial en nombre de su gobierno y de los poderes de los Aliados. El 14 de mayo de 1948 Israel proclamó su independencia.

La séptima cruzada (1248–1254 d.C.) se realizó al mando de Luis IX de Francia, conocido como San Luis. Invadió por el camino de Egipto y aunque al principio tuvo éxito, los musulmanes lo derrotaron y apresaron. Lo rescataron por un gran precio y fue a Palestina, permaneciendo allá hasta 1252 cuando la muerte de su madre, a quien había dejado como regenta, le obligó a regresar a Francia.

La octava cruzada (1270–1272) estuvo también bajo la dirección de Luis IX, junto con el príncipe Eduardo Plantagenet de Inglaterra, después rey Eduardo I. La ruta escogida fue de nuevo por África. Pero Luis murió en Túnez, su hijo hizo la paz y Eduardo regresó a Inglaterra a ocupar el trono. De modo que, por lo general, esta se considera como la última cruzada y fracasó completamente.

Hubo cruzadas de menor importancia, pero ninguna merece mención especial. En efecto, desde 1270 en adelante, a cualquier guerra emprendida en favor de la iglesia se le denominó cruzada, aun en contra de los "herejes" en países cristianos.

Las cruzadas fracasaron en libertar Tierra Santa del dominio de los musulmanes. Si miramos en retrospectiva ese período, pronto podremos ver las causas de su fracaso. Se notará un hecho en la historia de cada cruzada: los reyes y príncipes que conducían el movimiento estaban siempre en discordia. A cada jefe le preocupaba más sus propios intereses que la causa común. Todos se envidiaban entre sí y temían que el éxito pudiese promover la influencia o fama de su rival. En contra del esfuerzo dividido y a medias de las cruzadas estaba un pueblo unido, valiente. Una raza siempre intrépida en la guerra y bajo el dominio absoluto de un comandante, ya fuese califa o sultán.

Una causa más grave del fracaso fue la falta de un estadista entre estos jefes. No poseían una visión amplia y trascendente. Todo lo que buscaban eran resultados inmediatos. No comprendían que para fundar y mantener un reino en Palestina, a mil millas de sus propios países, se requería una comunicación constante con la Europa Occidental, una fuerte base de provisión y refuerzo continuo. La conquista de la tierra era una intrusión, no una liberación. La gente de Palestina estaba prácticamente esclavizada por los cruzados. Como esclavos, se les obligaban a construir castillos, fortalezas y palacios para sus odiados amos. Por tanto, aceptaban el regreso de sus primeros gobernantes musulmanes porque, aunque su yugo fue pesado, era más ligero que el de los reyes cristianos de Jerusalén.

Sin embargo, a pesar del fracaso de mantener un reino cristiano en Palestina, Europa obtuvo ciertos buenos resultados de las cruzadas. Después de las cruzadas, el gobierno turco protegía a los peregrinos y la persecución cesó. En efecto, la tierra prosperó más y las ciudades de Belén, Nazaret y Jerusalén aumentaron en población y en riqueza debido a la oleada de peregrinos que llegaban a Palestina bajo garantías de seguridad de los gobernantes turcos.

Después de las cruzadas, las agresiones musulmanas en Europa se reprimieron. La experiencia de esos siglos despertó a Europa al peligro del islamismo. Los españoles se atrevieron a hacer guerra contra los moros que tenían la mitad de la península. En 1492, bajo Fernando e Isabel, los españoles subyugaron el reino moro y expulsaron a los musulmanes del país. En la frontera este de Europa, Polonia y Austria estaban alerta y en 1683 hicieron retroceder la marea de invasión turca en una gran batalla ganada cerca de la ciudad de Viena. Esta victoria marcó el principio de la decadencia del poder del Imperio Turco.

Otro resultado de las cruzadas fue un conocimiento mejor de las naciones entre sí. No solo los gobernantes y jefes, sino los caballeros inferiores y aun los soldados de los diferentes países empezaron a conocerse entre sí y a reconocer los intereses comunes. Entre las naciones surgió un mutuo respeto y se concertaron alianzas. Las cruzadas contribuyeron grandemente al desarrollo de la Europa moderna.

También las cruzadas dieron un gran impulso al comercio. La demanda de mercancía de toda clase (armas, provisiones y naves) aumentó la industria y el comercio. Los cruzados llevaron a Europa un conocimiento de las riquezas de Oriente, sus alfombras, sedas, joyas y el comercio se desarrolló por toda la Europa occidental. Los mercaderes se enriquecieron. Surgió una clase media entre los señores y los vasallos. Las ciudades progresaron y acrecentaron su poder y los castillos comenzaron a perder la ascendencia que tenían sobre ellas. En los siglos siguientes, las ciudades llegaron a ser centros de libertad y reforma, y se liberaron del dominio arbitrario de príncipes y prelados.

Al principio, el poder eclesiástico fue aumentado grandemente por las cruzadas. La iglesia convocaba las guerras y de esta manera mostraba su dominio sobre príncipes y naciones. Además, la iglesia compraba tierras o adelantaba dinero a los cruzados, quienes tenían que ofrecer sus tierras en garantía. Fue así que la iglesia aumentaba considerablemente sus posesiones en toda Europa. Y en la ausencia de gobernantes temporales, los obispos y los papas ganaban dominio. Pero al final, la vasta riqueza, la arrogante ambición de los clérigos y el uso sin escrúpulo que hacían del poder despertó el descontento y ayudó a preparar el camino para el cercano levantamiento contra la iglesia catolicorromana en la Reforma.

La iglesia medieval
(476–1453 d.C.)

Quinta parte

Desarrollo del monacato. El arte y la literatura medieval.

Durante el siglo cuarto, como vimos anteriormente, se originó la vida monástica en las cavernas del norte de Egipto. Al principio, el movimiento se desarrolló lentamente en Europa, pero en la Edad Media hubo un gran desarrollo del espíritu monástico, tanto entre los hombres como las mujeres. El número de monjes y monjas aumentó de una manera considerable, con resultados buenos y malos.

En Oriente los primeros ascetas vivían aparte, cada uno en su propia caverna o cabaña, o sobre su pilar, pero en la Europa occidental formaban comunidades y vivían juntos. Al crecer estas comunidades, fue necesaria alguna forma de organización y gobierno, y en el transcurso del tiempo surgieron cuatro grandes órdenes.

La primera de estas órdenes fue la de los benedictinos, fundada por San Benedicto en 529 d.C., en Monte Casino, a mitad de camino entre Roma y Nápoles. Esta orden llegó a ser la mayor de las comunidades monásticas de Europa y en su primer período promovió la cristianización y civilización del Norte. Sus reglas requerían obediencia al superior del monasterio, la no posesión de bienes y la castidad personal. Esta orden era muy industriosa. Talaba bosques, secaba y saneaba pantanos, labraba campos y enseñaba al pueblo muchas artes útiles. Muchas de las órdenes fundadas más tarde fueron ramificaciones de la orden de los benedictinos o surgieron como consecuencia de ella.

La orden de Cister surgió en 1098, procurando fortalecer la disciplina benedictina que se estaba corrompiendo. Su nombre viene de Citeaux, en Francia, donde San Roberto la fundó. Pero, en 1112, San Bernardo de Claraval la fortaleció y reorganizó. Los cistercienses prestaron gran atención al arte, la arquitectura y, en especial, a la literatura copiando libros antiguos y escribiendo muchos nuevos.

La orden de los franciscanos la fundó San Francisco de Asís en 1209. Este fue uno de los hombres más santo, devoto y digno de afecto. De Italia se esparció rápidamente por toda Europa y llegó a ser la más numerosa de todas las órdenes. Se dice que en la peste negra, la plaga que se esparció por toda Europa en el siglo catorce, más de ciento veinticuatro mil monjes franciscanos perecieron mientras prestaban ayuda a moribundos y enfermos. Por el color de su hábito llegaron a conocerse como los "frailes grises".

Los dominicos eran una orden española que Santo Domingo fundó en 1215 y se extendió por todos los países de Europa. Estos se diferenciaban de las otras órdenes en que eran predicadores que iban por dondequiera a fortalecer la fe de los creyentes y se oponían a las tendencias "herejes", siendo más tarde los más feroces perseguidores de los "herejes". Por su hábito, se les conocía como los "frailes negros". A estos, junto con los franciscanos, también se les llamaba "frailes mendicantes" porque dependían para su sostén de las limosnas que recogían de puerta en puerta. Además de estas, había órdenes parecidas para las mujeres.

Todas estas órdenes de ascetas empezaron con los propósitos más nobles y las fundaron hombres y mujeres que se sacrificaban a sí mismos. Su influencia era en parte para bien y en parte para mal. Al principio, durante el primer período de cada orden monástica, era un beneficio a la sociedad. Reconozcamos algunos de los buenos resultados del monacato.

Durante los siglos de guerra, casi de anarquía, había centros de paz y de quietud en los monasterios, donde muchos que estaban en dificultad encontraban refugio. Los monasterios daban hospitalidad a los viajeros, a los enfermos y a los pobres. Tanto el moderno hotel como el hospital se desarrollaron del *hospicio* o monasterio. A menudo el monasterio o el convento era el refugio y la protección de los indefensos, en especial de las mujeres y los niños. Los primeros monasterios, tanto en Gran Bretaña como en el continente, promovieron la agricultura. Los monjes se dedicaron al saneamiento y secado de pantanos, la canalización del agua, la construcción de caminos y el cultivo inteligente de la tierra. En las bibliotecas de los monasterios se preservaron muchas de las obras antiguas de la literatura, tanto clásica como cristiana. Los monjes copiaban libros y escribían la vida de hombres distinguidos, crónicas de su propio tiempo e historias del pasado. Los monasterios han dado al mundo muchas de las obras religiosas más preciosas, tales como los cánticos de San Bernardo y la *Imitación de Cristo*, por Kempis. Sin sus escritos históricos, la Edad Media hubiera sido en verdad un vacío. Los monjes eran los principales maestros de la juventud, casi los únicos maestros. La mayoría de las universidades y escuelas de la Edad Media surgieron en las abadías y monasterios.

En la expansión del evangelio los monjes fueron los primeros misioneros. Encontraban a los bárbaros que venían y los convertían a su religión. De estos, San Agustín (no el gran teólogo) que fue de Roma a Inglaterra (597 d.C.) y San Patricio, que empezó la evangelización de Irlanda en 440 d.C., fueron ejemplos entre muchos misioneros monásticos.

Pero si estos buenos resultados emanaron del sistema monástico, también hubo malos resultados. Algunos de estos males se manifestaron aun cuando la institución estaba en su mejor época, pero se hicieron más evidentes en los últimos períodos, cuando el monacato degeneró y perdió su fervor primitivo, sus ideales elevados y su estricta disciplina. Entre estos males estaban los siguientes:

El monacato presentaba la vida célibe como la más elevada, lo cual es falso y contrario a las Escrituras. Obligaba a la adopción de la vida monástica a incontables millares de hombres y mujeres más nobles de su época. Los hogares y las familias no los formaban los mejores hombres y las mejores mujeres, sino por los de ideales inferiores. Recluía multitudes para que no solo participaran de la familia, sino también de la vida social, cívica y nacional. Tanto en la guerra como en la paz, los hombres capacitados que se necesitaban en el estado, estaban ociosos en los monasterios. Se ha asegurado que Constantinopla y el Imperio Oriental pudieron haberse defendido de los turcos si los monjes y eclesiásticos hubieran tomado las armas y peleado por su país. El aumento de riqueza de los monasterios condujo a la indisciplina, al lujo, a la ociosidad y a la franca inmoralidad. Muchos conventos se convirtieron en lugares de iniquidad. Cada nueva orden buscaba reformación, pero a la larga sus miembros degeneraban a los más bajos niveles de conducta. En un principio, los monasterios se sostenían por la labor de sus ocupantes. Sin embargo, en los siglos subsiguientes su labor casi cesó por completo y monjes y monjas se mantenían de las rentas de sus propiedades que aumentaban sin cesar y por las contribuciones que se imponían a la fuerza a las familias ricas y pobres. Todas las propiedades de bienes raíces de las casas monásticas estaban exentas de contribución. De este modo, una carga que siempre aumentaba y que al final se hizo insoportable, se colocaba sobre la sociedad fuera de los conventos. Su rapacidad los condujo a la extinción.

En el principio de la Reforma, en el siglo dieciséis, los monasterios en todo el norte de Europa estaban tan degradados en el concepto del pueblo, que los suprimieron universalmente. Incluso, obligaron a trabajar para su sostén a quienes vivían dentro de sus paredes.

A este período se acostumbraba llamar "La edad oscura". Sin embargo, esos siglos dieron al mundo algunos grandes beneficios bajo la influencia directa de la iglesia.

Durante la Edad Media surgieron casi todas las grandes universidades. En su mayoría, establecidas por eclesiásticos, que se desarrollaron de escuelas primitivas vinculadas con catedrales y monasterios. Entre estas puede mencionarse la Universidad de París, que en el siglo once bajo Abelardo, tenía treinta mil estudiantes. Las universidades de Oxford, Cambridge y Bolonia, a las que asistían estudiantes de todos los países de Europa. Las grandes catedrales de Europa, esas maravillas de arquitectura gótica que el mundo moderno contempla, sin poder superar ni siquiera igualar, se trazaron y construyeron durante el período medieval. El despertar de la literatura empezó en Italia con *La divina comedia*, de Dante, que se inició alrededor de 1303. A esta le siguieron los escritos de Petrarca (1340) y Bocacio (1360).

En el mismo país y aproximadamente en la misma fecha empezó el despertamiento del arte con Giotto, en 1298, seguido por una serie de grandes pintores, escultores y arquitectos. Debe recordarse que casi sin excepción los primeros pintores usaron su arte para el servicio de la iglesia. Sus obras, aun cuando ahora están en galerías y exhibiciones, se hallaban al principio en iglesias y monasterios.

La iglesia medieval (476–1453 d.C.)

Sexta parte

Comienzos de la reforma religiosa.
Caída de Constantinopla.
Eruditos y líderes.

Durante este período, y sobre todo en su ocaso, hubo destellos de luz religiosa, presagios de la Reforma venidera. Cinco grandes movimientos de reforma surgieron en la iglesia, pero el mundo no estaba listo para ellos y se reprimieron con sangrienta persecución.

Los albigenses o cátaros, "puritanos", alcanzaron prominencia en el sur de Francia alrededor de 1170. Repudiaban la autoridad de la tradición, circulaban el Nuevo Testamento y se oponían a las doctrinas romanas del purgatorio, a la adoración de imágenes y a las pretensiones sacerdotales, aunque tenían algunas ideas extrañas asociadas con los antiguos maniqueos y rechazaban el Antiguo Testamento. En 1208, el papa Inocencio III convocó una "cruzada" en su contra y la secta se extirpó mediante el asesinato de casi toda la población de la región, tanto católica como hereje.

Los valdenses surgieron más o menos en el mismo tiempo, 1170, con Pedro Valdo, un comerciante de Lyon que leía, explicaba, predicaba y circulaba la Escritura, a la que apelaba en contra de las costumbres y las doctrinas de los catolicorromanos. Estableció una orden de evangelistas, los "Pobres de Lyon", que anduvieron por el centro y sur de Francia ganando adeptos. Los persiguieron con crueldad, pero al salir de Francia encontraron albergue en los valles del norte de Italia. A pesar de los siglos de hostigamiento, han permanecido y constituyen una parte del grupo relativamente pequeño de protestantes en Italia.

Juan Wyclif empezó el movimiento en Inglaterra en favor de la libertad del poder romano y de la reforma en la iglesia. Nació en 1324 y se educó en la Universidad de Oxford, donde llegó a ser doctor de teología y líder en los consejos que se llevaban a cabo en dicha institución. Atacaba a los frailes mendicantes y al sistema del monacato. Rechazaba y se oponía a la autoridad papal en Inglaterra. Escribió en contra de la doctrina de la transubstanciación, considerando al pan y al vino como símbolos e instaba a que el servicio de la iglesia se simplificase más, según el modelo del Nuevo Testamento. En otros países hubiera sufrido martirio, pero en Inglaterra lo protegía el más poderoso de los nobles. Aun cuando la universidad condenó algunas de sus doctrinas, le permitieron retirarse a su parroquia en Lutterworth y permanecer como sacerdote sin que lo molestasen. Su mayor obra fue la traducción del Nuevo Testamento al inglés, terminado en 1380. El Antiguo Testamento, en el que le ayudaron algunos amigos, apareció en 1384, el año de la muerte de Wyclif. A sus seguidores se les llamó "lolardos", en un tiempo numerosos, pero los persiguieron bajo los reyes Enrique IV y Enrique V y al final los eliminaron. La predicación de Wyclif y su traducción prepararon el camino para la Reforma.

Juan Hus, en Bohemia (nacido en 1369 y martirizado en 1415), fue un lector de los escritos de Wyclif y predicó sus doctrinas. En especial, proclamó la liberación de la autoridad papal. Lo nombraron rector de la Universidad de Praga y por un tiempo tuvo una influencia dominante por toda Bohemia. El papa lo excomulgó y puso la ciudad de Praga bajo censura eclesiástica mientras él permaneciera allí. Hus se retiró, pero desde su lugar de escondite enviaba cartas reafirmando sus ideas. Después de dos años consintió en ir ante el concilio de la Iglesia Católica Romana en Constanza, Baden, en la frontera de Suiza, habiendo recibido un salvo conducto del emperador Segismundo. Sin embargo, violaron el pacto sobre la base de que "la fe no se guardaría con herejes". En 1415, condenaron y quemaron en la hoguera a Hus, pero su suerte despertó el elemento de reforma en su tierra natal e influyó en Bohemia por todos los siglos desde su día.

Jerónimo Savonarola (nacido en 1452) fue un monje de la orden de los dominicos en Florencia, Italia, y prior del monasterio San Marcos. Predicaba como uno de los profetas antiguos, contra los males sociales, eclesiásticos y políticos de su tiempo. Llenaba la gran catedral hasta rebosar con multitudes ansiosas, no tan solo de escuchar, sino de obedecer sus enseñanzas. Por un tiempo fue el dictador práctico de Florencia y efectuó una manifiesta reforma. Sin embargo, el papa lo excomulgó. Lo apresaron, condenaron, colgaron y quemaron su cuerpo en la gran plaza de Florencia. Su martirio fue en 1498, solo diecinueve años antes que Lutero clavara sus tesis en la puerta de la catedral de Wittenberg.

Los historiadores fijan la caída de Constantinopla, en 1453, como el punto de división entre los tiempos medievales y modernos. El Imperio Griego nunca se recobró de la conquista de los cruzados en 1204. Sin embargo, las fuertes defensas naturales y artificiales protegieron por mucho tiempo a la ciudad en contra de los turcos que sucedieron a los árabes como poder dominante musulmán. Tomaron una provincia tras otra del gran imperio, hasta que solo quedó la ciudad de Constantinopla. En 1453, los turcos finalmente la tomaron, bajo Mohamed II. En solo un día el templo de Santa Sofía se transformó en una mezquita y Constantinopla fue hasta 1920 la ciudad de los sultanes y la capital del Imperio Turco. En 1923, declararon Ankara capital de Turquía. La Iglesia Griega continúa con su patriarca, despojado de todo menos de su autoridad eclesiástica, con residencia en Constantinopla (Estambul). Con la caída de Constantinopla en 1453, termina el período de la iglesia medieval.

Mencionemos ahora muy brevemente algunos de los eruditos y líderes del pensamiento en el período estudiado. Durante los mil años de la iglesia medieval, se levantaron muchos grandes hombres, pero solo citaremos cuatro como los líderes intelectuales de su época.

Anselmo nació en 1033, en Piamonte, Italia. Al principio, como tantos otros, era un erudito que vagaba por muchos países. Se hizo monje en el monasterio de Bec, Normandía y lo nombraron abad en 1078. En 1093, Guillermo Rufus lo nombra arzobispo de Canterbury y primado de la Iglesia de Inglaterra. Sin embargo, luchó contra Guillermo y su sucesor Enrique I por la libertad y autoridad de la iglesia y por un tiempo sufrió destierro. Escribió muchas obras teológicas y filosóficas, y le han llamado "un segundo Agustín". Murió en 1109.

Pedro Abelardo (1079–1142), como filósofo y teólogo, fue el pensador más valeroso de la Edad Media. Puede considerarse el fundador de la Universidad de París, madre de las universidades europeas. Su fama como profesor atrajo a estudiantes por millares de todas partes de Europa. Influyó en muchos de los grandes hombres de la generación que le siguió. Sus intrépidas especulaciones y opiniones independientes le pusieron más de una vez bajo la expulsión de la iglesia. Aun más famosa que sus enseñanzas y escritos fue la romántica historia de su asunto amoroso con la hermosa Eloísa, por quien dejó los votos monásticos. Se casaron, pero después lo obligaron a separarse. Ambos entraron en conventos. Abelardo murió siendo abad y Eloísa abadesa.

Bernardo de Claraval (1091–1153) era de una noble familia francesa. Lo educaron para la corte, pero renunció a ella por el convento. En 1115 estableció en Claraval un monasterio de la orden cisterciense y fue su primer abad. Esta orden echó raíces en muchos países y a sus miembros se les conocía comúnmente como bernardinos. Bernardo era una unión admirable del pensador místico y práctico. Predicó y promovió la Segunda Cruzada en 1147. Hombre de mente amplia y corazón bondadoso, se oponía y escribía en contra de la persecución de los judíos. Algunos de sus himnos, como "Cristo, si gozo al pecho da" y "Cabeza ensangrentada", se cantan en todas las iglesias. Solo veinte años después de su muerte lo canonizaron como San Bernardo. Lutero dijo: "Si hubo en el mundo un monje santo y temeroso de Dios, fue San Bernardo de Claraval."

La mentalidad más grande de la Edad Media fue la de Tomás de Aquino (1226–1274). Se le llamó el "Doctor Universal", "Doctor Angélico" y "Príncipe de la Escolástica". Nació en Aquino en el reino de Nápoles. En contra de la voluntad de su familia, los condes de Aquino, entró a la orden de monjes dominicos. Cuando era un joven estudiante era tan callado que le apodaron "el buey mudo". Sin embargo, su maestro, Alberto Magno, decía: "Un día este buey llenará al mundo con sus mugidos." Llegó a ser la autoridad más celebrada y elevada de todo el período medieval en filosofía y teología. Sus obras aún las citan, sobre todo por los eruditos catolicorromanos. Murió en 1274 y lo canonizaron como santo en 1323.

La iglesia reformada

Desde la caída de Constantinopla (1453 d.C.) hasta el fin de la guerra de los treinta años (1648 d.C.)

Bosquejo de los capítulo 18—20

Quinto período general: La iglesia reformada

Desde la caída de Constantinopla: 1453 d.C.
Hasta el fin de la guerra de treinta años: 1648 d.C.

I. Fuerzas rectoras que antecedieron a la reforma
(capítulo 18)
1. *El Renacimiento*
2. *Invención de la imprenta*
3. *Espíritu del nacionalismo*

II. La reforma en Alemania (capítulo 18)
1. *La venta de indulgencias*
2. *Las tesis*
3. *Se quema la bula del Papa*
4. *La Dieta de Worms*
5. *El castillo de Wartzburgo*
6. *El nombre protestante*

III. La reforma en otros países (capítulo 19)
1. *Suiza*
2. *Reino escandinavo*
3. *Francia*
4. *Países Bajos*
5. *Inglaterra*
   a. Bajo Enrique VIII
   b. Bajo Eduardo VI
   c. Bajo la reina María Tudor
   d. Bajo la reina Isabel I
6. *Escocia*

IV. Los principios de la religión reformada (capítulo 19)
1. *Religión bíblica*
2. *Religión racional*
3. *Religión personal*
4. *Religión espiritual*

5. *Religión nacional*

v. La Contrarreforma (capítulo 20)
   1. *Reforma dentro de la Iglesia Católica Romana*
   2. *La orden de los jesuitas*
   3. *Persecución activa*
   4. *Esfuerzos misioneros de los catolicorromanos*
   5. *La guerra de los treinta años*

vi. Líderes del período (capítulo 22)
   1. *Desiderio Erasmo (1466–1536)*
   2. *Martín Lutero (1483–1546)*
   3. *Juan Calvino (1509–1564)*
   4. *Tomás Cranmer (1489–1556)*
   5. *Juan Knox (1505–1572)*
   6. *Ignacio de Loyola (1491–1556)*
   7. *Francisco Javier (1506–1552)*

La iglesia reformada (1453–1648 d.C.)

Primera parte

La Reforma en Alemania.

En este período de doscientos años, el gran acontecimiento que despertó la atención fue la Reforma. Empezó en Alemania y se esparció por todo el norte de Europa y trajo como resultado el establecimiento de iglesias nacionales que no debían fidelidad a Roma. Notemos algunas de las fuerzas rectoras que antecedieron a la Reforma y ayudaron grandemente a su progreso.

Una de estas fuerzas fue el notable movimiento conocido como el Renacimiento o el despertar de Europa a un nuevo interés en la literatura, el arte y la ciencia; el cambio de los métodos y propósitos medievales a los modernos. En la Edad Media, el interés de los estudiantes recayó en la verdad religiosa, con la filosofía relacionada a la religión. Como vimos, los principales pensadores y escritores fueron hombres de la iglesia. Pero en este despertamiento surgió un nuevo interés en la literatura clásica, el griego y el latín, en el arte, separándose pronto de la religión. Con ese interés vinieron los primeros destellos de la ciencia moderna. Por lo general, los líderes del movimiento no eran sacerdotes ni monjes, sino laicos, sobre todo en Italia. Aquí comenzó el Renacimiento, no como un movimiento religioso, sino literario. Sin embargo, no era abiertamente antirreligioso, sino más bien escéptico e investigador. La mayoría de los estudiantes italianos del período fueron hombres faltos de vida religiosa. Aun los papas de ese tiempo se distinguían más bien por su cultura que por su fe. Al norte de los Alpes, en Alemania, Inglaterra y Francia, el movimiento era más religioso. Despertó un nuevo interés en las Escrituras, en el griego y hebreo, y una investigación de los verdaderos fundamentos de la fe, aparte de los dogmas de Roma. Por todas partes, tanto al sur como al norte, el Renacimiento debilitaba a la Iglesia Católica Romana.

La invención de la imprenta vino a ser un heraldo y un aliado de la reforma venidera. El descubrimiento lo hizo Gutenberg en Maguncia, el Rin, en 1455. Este consistía en que los libros podían imprimirse con tipos movibles y distribuirse con facilidad por millares. Antes de esta invención, se copiaban a mano. Una Biblia en la Edad Media costaba el salario anual de un obrero. Es significativo que el primer libro que Gutenberg imprimió fue la Biblia, demostrando así el deseo de esa época. La imprenta puso a las Escrituras en uso común y condujo a su traducción y circulación en todos los idiomas europeos. La gente que leía el Nuevo Testamento pronto comprendía que la iglesia papal estaba muy lejos del ideal del Nuevo Testamento. Y en cuanto se escribían las nuevas enseñanzas de los reformadores, se publicaban en libros y folletos que circulaban por millones por toda Europa.

También surgió en Europa el espíritu nacionalista. Este difería de las luchas medievales entre emperadores y papas en que era más bien un movimiento popular antes que uno relacionado con reyes. El patriotismo de los pueblos comenzó a manifestarse en la inconformidad en cuanto a la autoridad extranjera sobre sus propias iglesias nacionales; en resistirse a los nombramientos de obispos, abades y dignatarios de la iglesia que hacía un papa en un país distante; en un deseo de no contribuir del "óbolo de Pedro" para el sostén del papa y la construcción de majestuosos templos en Roma; y una determinación de reducir el poder de los concilios eclesiásticos, poniendo al clero bajo las mismas leyes y cortes con los laicos. Este espíritu nacionalista fue un gran apoyo al movimiento de reforma.

Mientras el espíritu de reforma e independencia despertaba por Europa, la llama estalló en Alemania, en el electorado de Sajonia, bajo la dirección de Martín Lutero, un monje y profesor en la Universidad de Wittenberg. Notemos algunos de sus primeros períodos.

El papa reinante, León X, en virtud de que necesitaba grandes sumas de dinero para terminar el templo de San Pedro en Roma, permitió a un agente llamado Juan Tetzel, que fuese por Alemania vendiendo certificados, firmados por el papa. Su objetivo era perdonar todo pecado, no solo de los poseedores del certificado, sino también de los amigos vivos o muertos en cuyo favor se comprasen, sin la confesión, el arrepentimiento, la pena o la absolución por un sacerdote. Tetzel decía a la gente: "Tan pronto como su moneda suene en el cofre, el alma de sus amigos ascenderá del purgatorio al cielo." Lutero predicaba en contra de Tetzel y su venta de indulgencias, denunciando abiertamente su enseñanza.

La fecha exacta que los historiadores fijan como el principio de la gran Reforma es 31 de octubre de 1517. En la mañana de ese día, Martín Lutero clavó en la puerta de roble de la Catedral de Wittenberg un pergamino que contenía las noventa y cinco tesis o declaraciones, casi todas relacionadas con la venta de indulgencias, pero en su aplicación atacaba la autoridad papal y sacerdotal. Los gobernantes de la iglesia en vano procuraron restringir y lisonjear a Lutero. Permaneció firme y la tempestad solo le hizo más resuelto en su oposición a las doctrinas y prácticas no apoyadas por las Sagradas Escrituras.

Después de muchas controversias y la publicación y distribución de folletos con las opiniones de Lutero por toda Alemania, sus enseñanzas se condenaron formalmente. De ahí que en junio de 1520 una bula* del papa León X lo excomulgara. Se le ordenó a Federico el Sabio, Elector de Sajonia, que le entregase a Lutero para juzgarlo y castigarlo. Sin embargo, en vez de esto, le dio amplia protección pues simpatizaba con sus ideas. Lutero recibió la excomunión con desafío llamándola "la bula execrable del anticristo", y el 10 de diciembre la quemó públicamente a las puertas de Wittenberg ante una asamblea de profesores de la universidad, de estudiantes y el pueblo. Con la bula del papa también quemó copias de los cánones o leyes establecidas por las autoridades romanas. Este acto constituyó la renuncia final de Lutero a la Iglesia Católica Romana.

---

* Los decretos del papa se llaman "bulas", derivado del latín *bulla*, "sello". El nombre se aplica a cualquier documento que lleva estampado un sello oficial.

En 1521, Lutero fue citado ante la Dieta o Concilio Supremo de los gobernantes alemanes, reuniéndose en Worms, en el Rin. El nuevo emperador, Carlos V, le prometió un salvo conducto y Lutero fue a la asamblea. Aunque sus amigos lo amonestaron, pues podría encontrar la misma suerte de Juan Hus en circunstancias parecidas en el Concilio de Constanza, en 1415. Lutero dijo: "Iré a Worms aunque me acechen tantos demonios como tejas hay en los tejados." El 17 de abril de 1521 Lutero estaba ante la Dieta, presidida por el emperador. En respuesta a la pregunta de si quería retractarse de las declaraciones de sus libros, después de considerarlo respondió que no podía retractarse de nada excepto de lo que desaprobara la Escritura o la razón, terminando con las palabras: "Aquí estoy. No puedo hacer otra cosa. Que Dios me ayude. Amén." Al emperador Carlos V lo instan para que prendiese a Lutero, ofreciendo como razón que la fe no podía guardarse con los herejes, pero le permitió salir de Worms en paz.

Mientras Lutero viajaba de regreso a su hogar, de pronto los soldados de Federico el Elector lo apresaron y llevaron para su seguridad al castillo de Wartburg en Turingia. Permaneció allí disfrazado cerca de un año, mientras que tempestades de guerra y revuelta rugían en el imperio. Pero no estuvo ocioso pues durante su retiro tradujo el Nuevo Testamento al alemán, obra que por sí sola lo hubiera inmortalizado porque su versión se considera el fundamento del idioma alemán escrito. Esto fue en 1521. Varios años después se terminó el Antiguo Testamento. Al regresar del Wartburg a Wittenberg, reasumió la dirección del movimiento en favor de una Iglesia Reformada, exactamente a tiempo para salvarle de sus excesos extravagantes.

La división de los estados alemanes en las ramas reformadas y romanas fue entre el norte y el sur. Los príncipes meridionales dirigidos por Austria, se adhirieron a Roma, mientras que los del norte eran en su mayoría seguidores de Lutero. En 1529, se celebró una Dieta en Espira con la vana esperanza de reconciliar las dos partes. En esta dieta los gobernantes católicos eran mayoría y condenaron las doctrinas de Lutero. Los príncipes prohibieron toda enseñanza del luteranismo en los estados donde no había llegado a dominar. En los estados que ya eran luteranos se requirió que a los católicos se les permitiese ejercer libremente su religión. A esta desequilibrada ley los príncipes luteranos hicieron una protesta formal y desde ese tiempo se les conoció como protestantes y sus doctrinas como la religión protestante.

La iglesia reformada (1453–1648 d.C.)

Segunda parte
La Reforma en otros países.
Principios de la Reforma.

Mientras la Reforma estaba en sus épocas primitivas en Alemania, el mismo espíritu brotó en muchos países de Europa. En el sur, como Italia y España, abatieron despiadadamente la Reforma. En Francia y los Países Bajos la causa de la Reforma pendía en la balanza de la duda. Sin embargo, en medio de las naciones del norte la nueva religión era victoriosa sobre toda oposición y dominaba los países.

La Reforma en Suiza se levantó independiente de la de Alemania, aunque simultánea con ella, bajo la dirección de Ulrico Zwinglio que en 1517 atacó "la remisión de pecados" mediante peregrinaciones a un altar de la Virgen de Einsieldn y en 1522 rompió de manera definitiva con Roma. La Reforma se organizó formalmente en Zurich y pronto llegó a ser más radical que en Alemania. Sin embargo, una guerra civil entre cantores catolicorromanos y protestantes, en la cual murió Zwinglio (1531), estorbó su progreso. Sin embargo, la Reforma siguió adelante y más tarde su líder llegó a ser Juan Calvino, el teólogo más grande de la iglesia después de Agustín. Las *Instituciones de la religión cristiana,* publicadas en 1536 cuando Calvino solo tenía veintisiete años, se convirtió en las normas de la doctrina protestante.

El reino escandinavo que comprendía en ese tiempo a Dinamarca, Suecia y Noruega bajo un mismo gobierno, recibió pronto las enseñanzas de Lutero favorecidas por el rey Cristián II. Por un tiempo, la lucha política y la guerra civil estorbaron el progreso de la Reforma, pero al final los tres países aceptaron las ideas luteranas.

En Francia, la Iglesia Católica Romana poseía más libertad que en el resto de Europa. De ahí que hubiera menos demanda de independencia eclesiástica de Roma. Sin embargo, un movimiento religioso se levantó entre el pueblo francés, aun antes que en Alemania, porque en 1512 Jacobo Lefevre escribió y predicó la doctrina de la "justificación por la fe". De la corte y del pueblo surgieron dos partidos. Los reyes que ascendieron, aunque catolicorromanos nominales, se ponían indistintamente de parte de uno y otro partido. No obstante, el protestantismo recibió casi un golpe mortal en la terrible matanza del Día de San Bartolomé, el 24 de agosto de 1572, cuando asesinaron vilmente a casi todos sus líderes e incontables millares de sus adeptos. La fe reformada vivió frente a una terrible persecución y una minoría del pueblo francés ha sido protestante. Aunque pequeño en número, el protestantismo francés ha ejercido gran influencia.

Los Países Bajos, comprendiendo lo que ahora son los reinos de Holanda y Bélgica, estuvieron al principio del período de la Reforma bajo el dominio de España. Pronto recibieron las enseñanzas reformadas, pero los regentes españoles los persiguieron con severidad. En los Países Bajos la reforma era una demanda de libertad política y religiosa, y la tiranía de España condujo al pueblo a sublevarse. Después de una larga guerra y un increíble sufrimiento, los Países Bajos, bajo la dirección de Guillermo el Taciturno, al fin obtuvieron su independencia de España, aunque no se reconoció hasta 1609, veinticinco años después de la muerte de Guillermo. Al norte, Holanda llegó a ser protestante, pero Bélgica mantuvo su mayoría católica romana.

El movimiento de Reforma en Inglaterra pasó por varias épocas de progreso y retroceso, por sus relaciones políticas, por las diferentes actitudes de los soberanos que se sucedían y por el espíritu conservador de la naturaleza inglesa. Empezó en el reino de Enrique VIII con un grupo de jóvenes estudiantes de la literatura clásica y la Biblia. Algunos de ellos, como Sir Tomás Moro, se detuvieron en su progreso y permanecieron católicos, mientras que otros prosiguieron con valor la fe protestante. Uno de los líderes de la Reforma inglesa fue

Guillermo Tyndale, quien tradujo el Nuevo Testamento a la lengua madre, la primera versión en inglés después de la invención de la imprenta. Esta, más que cualquiera otra, ha modelado todas las traducciones desde entonces. En 1536, Tyndale sufrió el martirio en Amberes. Otro líder fue Tomás Cranmer, arzobispo de Canterbury. Después de ayudar a hacer protestante a Inglaterra, se retractó bajo la romanista reina María Tudor, con la esperanza de salvar su vida. Sin embargo, cuando lo condenaron a morir quemado, revocó su retractación. De Enrique VIII, la Reforma recibió ayuda y también estorbo. Este se separó de Roma porque el papa no quería aprobar su divorcio de la reina Catalina de Aragón, hermana del emperador Carlos V. Estableció una Iglesia Anglicana, con él mismo como jefe, y mató tanto a romanistas como a protestantes que diferían de sus ideas.

Bajo Eduardo VI, solo un joven que reinó poco tiempo, la causa de la Reforma progresó mucho. Dirigida por Cranmer y otros, se estableció la Iglesia de Inglaterra, y el *Libro de Oración Común* compiló su rica y rítmica forma de lenguaje. La reina María Tudor, quien sucedió a Eduardo VI, era una fanática romanista y emprendió la tarea de llevar otra vez a sus súbditos a la iglesia antigua mediante la persecución. Reinó solamente cinco años, pero en ese tiempo más de trescientos protestantes sufrieron martirio. Con el ascenso de Isabel I, la más apta de todos los soberanos de Inglaterra, las prisiones se abrieron, los exilios se revocaron, la Biblia se honró de nuevo en el púlpito y en el hogar, y durante su largo reinado, que se le ha dado el nombre de "la época de Isabel", la época más gloriosa de la historia inglesa, la Iglesia de Inglaterra se estableció de nuevo y tomó la forma en que ha continuado hasta hoy.

Al principio la Reforma tuvo un progreso muy lento en Escocia, donde la iglesia y el estado los gobernaban la férrea mano del cardenal Beaton y la reina regenta, María de Guise, madre de la reina María de Escocia. Al cardenal lo asesinaron, la reina regenta murió y pronto Juan Knox, en 1559, asumió la dirección del movimiento reformador. Mediante sus ideas radicales e inflexibles, su firme determinación e irresistible energía, aun en contra del ingenio y la atracción de su romanista soberana, reina María de los escoceses, pudo barrer todo vestigio de la antigua religión y llevar la Reforma mucho más adelante que la de Inglaterra. La Iglesia Presbiteriana, según planeó Juan Knox, llegó a ser la iglesia oficial de Escocia.

A principios del siglo dieciséis, la única iglesia en Europa occidental era la Iglesia Católica Romana, evidentemente segura de la lealtad de todo reino. Antes de finalizar ese siglo, cada país del norte de Europa al oeste de Rusia se había separado de Roma y había establecido su propia iglesia nacional.

Aunque en los países del norte de Europa había diferencias en doctrinas y organización debido a la Reforma, sin embargo, no es difícil encontrar la plataforma común de todas las iglesias protestantes. Los principios de la Reforma pueden considerarse cinco.

El primer gran principio es que la verdadera religión se funda en las Escrituras. Los catolicorromanos habían sustituido la autoridad de la Biblia con la autoridad de la iglesia. Enseñaban que la iglesia era infalible y que la autoridad de la Biblia se debía a que la iglesia la autorizaba. Prohibían las Escrituras a los laicos y se oponían decididamente a toda traducción que se hiciera en el lenguaje usado por el pueblo común. Los reformadores declaraban que la Biblia contenía las reglas de la fe y práctica, y que no debía aceptarse ninguna doctrina a menos que la Biblia la enseñase. La Reforma trajo de nuevo la Biblia perdida al pueblo y colocó sus enseñanzas sobre el trono de la autoridad. Es por medio de los reformadores, y sobre todo en los países protestantes, que la Biblia ahora circula por millones de copias todos los años.

Otro principio establecido por la Reforma fue que la religión debía ser racional e inteligente. El romanismo había introducido doctrinas irracionales en el credo de la iglesia, como la transubstanciación; pretensiones absurdas como las indulgencias papales en su disciplina; costumbres supersticiosas como la adoración de imágenes en su ritual. Los reformadores, aunque subordinando debidamente la razón a la revelación, reconocían la primera como un don divino y demandaron un credo, una disciplina y una adoración que no violase la naturaleza racional del hombre.

Una tercera gran verdad a la que se le dio énfasis en la Reforma fue la de la religión personal. Bajo el sistema romano existía una puerta cerrada entre el adorador y Dios, y para esa puerta el sacerdote tenía la única llave. El pecador arrepentido no confesaba sus pecados a Dios, sino al sacerdote. No obtenía perdón de Dios, sino del sacerdote, quien únicamente podía pronunciar la absolución. El adorador no oraba a Dios el Padre por medio de Cristo el Hijo, sino por medio de un santo patrón que se suponía intercedía por él ante un Dios demasiado elevado para que un hombre se allegase a él en esta vida terrena. En efecto, se consideraba a Dios como un ser poco amigable que debía aplacarse y apaciguarse mediante la vida ascética de mujeres y hombres santos, cuyas oraciones eran las únicas que podían salvar a los hombres de la ira de Dios. Los de mentes piadosas no podían ir a la Biblia en busca de dirección, sino tenían que recibir sus enseñanzas indirectamente según las interpretaban los concilios y cánones de la iglesia. Los reformadores acabaron con todas esas barreras. Dirigían al adorador hacia Dios como el objeto directo de oración, el dador inmediato del perdón y gracia. Llevaban a cada alma a la presencia de Dios y a la comunión con Cristo.

Los reformadores también insistían en una religión espiritual, diferente a una religión formalista. Los catolicorromanos habían sobrecargado la sencillez del evangelio con múltiples formas y ceremonias que oscurecían por completo su vida y espíritu. La religión consistía en servicios externos rendidos bajo la dirección sacerdotal y no en la actitud del corazón hacia Dios. Sin duda, hubo muchas personas sinceras y espirituales en la Iglesia Católica Romana, hombres como Bernardo de Claraval, Francisco de Asís y Tomás de Kempis que vivían en íntima comunión con Dios. Pero en la iglesia en general, la religión era de letra y no de espíritu. Los reformadores enfatizaban más las características internas de la religión, que las externas. Pusieron de manifiesto la antigua doctrina como una experiencia vital, "la salvación por la fe en Cristo y únicamente por la fe". Proclamaron que la justificación no es por formas y observancias externas, sino por la vida interna, "la vida de Dios en el alma de los hombres".

El último de estos principios en la obra práctica de la Reforma fue el de una iglesia nacional, diferente a una mundial. El propósito del papado y del sacerdocio fue subordinar el estado a la iglesia, y hacer que el papa ejerciera autoridad suprema sobre todas las naciones. Dondequiera que el protestantismo triunfaba surgía una iglesia nacional, gobernada por sí misma e independiente de Roma. Estas iglesias nacionales asumían diferentes formas: episcopal en Inglaterra, presbiteriana en Escocia, algo mixtas en los países del norte.

La iglesia reformada (1453–1648)

Tercera parte
La Contrarreforma. Líderes del período.

No mucho después que empezó la Reforma, la Iglesia Católica Romana realizó un poderoso esfuerzo a fin de recuperar el terreno perdido en Europa, destruir la fe protestante y promover las misiones catolicorromanas en países extranjeros. A este movimiento se le llama la Contrarreforma.

La reforma dentro de la iglesia se intentó hacer mediante el Concilio de Trento, convocado en 1545 por el papa Pablo III. Su principal objetivo fue investigar y poner fin a los abusos que propiciaron el surgimiento de la Reforma. El Concilio se reunió en diferentes tiempos y en más de un lugar, aunque por lo general se reunía en Trento, Austria, a ciento veintidós kilómetros al noroeste de Venecia. Se componía de todos los obispos y abades de Venecia. Duró casi veinte años, a través de los reinados de cuatro papas, de 1545 a 1563. Se tenía la esperanza que la separación entre católicos y protestantes se pudiera arreglar y la iglesia volviera a unirse, pero esto no pudo efectuarse. A la larga, se hicieron muchas reformas y se establecieron definitivamente las doctrinas de la iglesia. Incluso los protestantes admiten que los papas después del Concilio de Trento fueron mejores que muchos de los que gobernaron antes. El resultado del concilio puede considerarse como una reforma conservadora dentro de la Iglesia Católica Romana.

Una influencia muy poderosa en la Contrarreforma fue la Orden de los Jesuitas, que en 1534 estableció un español, Ignacio de Loyola. Esta era una orden monástica caracterizada por la combinación de la más estricta disciplina, intensa lealtad a la iglesia y a la orden, profunda devoción religiosa y un marcado esfuerzo para hacer prosélitos. Su propósito principal era combatir el movimiento protestante con métodos públicos y secretos. Llegó a ser tan poderosa, que se acarreó la oposición más severa aun en los países catolicorromanos. Se suprimió en casi todos los estados de Europa y, por decreto del papa Clemente XIV (1773), se prohibió en toda la iglesia. Sin embargo, por un tiempo continuó en secreto, después abiertamente y al final los papas la reconocieron de nuevo. Ahora es una de las fuerzas más potentes en esparcir y fortalecer la Iglesia Católica Romana por todo el mundo.

La persecución activa fue otra arma empleada para apagar el creciente espíritu de reforma. Es cierto que los protestantes también persiguieron, incluso hasta muerte, pero generalmente su motivo era más político que religioso. En Inglaterra, la mayoría de los que murieron fueron católicos que conspiraron contra la reina Isabel. Mientras que en el continente cada gobierno catolicorromano procuraba extirpar la fe protestante mediante la espada. En España, se estableció la Inquisición y se torturaron y quemaron un sinnúmero de personas. En los Países Bajos, los gobernantes españoles se propusieron dar muerte a todos los sospechosos de herejías. En Francia (en 1572), el espíritu de persecución llegó a su apogeo con la matanza del Día de San Bartolomé, que se prolongó por varias semanas después. Según cálculos, se cree que perecieron de veinte mil a cien mil personas. Estas persecuciones en los países en que el protestantismo no dominaba en el gobierno, no solo retardaron la marcha de la Reforma, sino que en algunos de ellos, sobre todo en Bohemia y España, la aplastaron.

Los esfuerzos misioneros de la Iglesia Católica Romana deben reconocerse como una de las fuerzas de la Contrarreforma. En su mayor parte, estos esfuerzos los dirigían los jesuitas. Trajo como resultado la conversión de todas las razas nativas de América del Sur, México y gran parte del Canadá. Asimismo, en el establecimiento de grandes misiones en la India y los países circunvecinos por San Francisco Javier, uno de los fundadores de la orden jesuita. Las misiones catolicorromanas en los países paganos empezaron siglos antes que las misiones protestantes y han aumentado grandemente el número y poder de dicha iglesia.

En 1618, un siglo después de iniciada la Reforma y como resultado inevitable de intereses y propósitos opuestos de los estados reformados y católicos de Alemania, comenzó una guerra que a la larga enroló a casi todas las naciones europeas. En la historia se le conoce como la Guerra de los Treinta Años. Rivalidades políticas y religiosas se vieron involucradas y estados de la misma fe a veces estaban en bandos contrarios. La lucha siguió por casi una generación y toda Alemania sufrió en forma inconcebible. Al final, en 1648, la gran guerra terminó con la paz de Westfalia, que fijó los linderos de los estados catolicorromanos y protestantes de la manera que han continuado hasta hoy. De modo que puede considerarse que el final del período de la Reforma ocurrió en este momento.

En una época tan importante, comprendiendo tantos países y repleta de tan grandes resultados, necesariamente hubo muchos líderes, tanto del lado reformado como del catolicorromano. Solo podemos citar unos cuantos en nuestro breve relato del movimiento. ·

Desiderio Erasmo nació en Rotterdam, Holanda, en 1466. Fue uno de los eruditos más grandes del período del Renacimiento y de la Reforma. Lo educaron y ordenaron en un monasterio, pero en 1492 abandonó el sacerdocio y se dedicó a la literatura. En diferentes épocas vivió en París, Inglaterra, Suiza e Italia, pero por lo general su hogar estuvo en Basilea, Suiza. Ya antes de comenzar la Reforma era un crítico inflexible de la Iglesia Católica Romana. Esto se ve en muchas de sus obras, de ellas la que más circuló fue *Elogio de la Locura*. Su mayor y más valiosa obra fue su edición del Nuevo Testamento en griego en una traducción latina. A pesar de que Erasmo hizo tanto como cualquier hombre de su época en la preparación para la Reforma, nunca se unió al movimiento. Por fuera, siguió siendo católico y criticó a los reformadores con tanta agudeza como lo hizo con la iglesia antigua. Murió en 1536.

Es indiscutible que la figura principal del período fue Martín Lutero, "el fundador de la civilización protestante". Nació en Eisleben, en 1483, hijo de un minero, quien con gran esfuerzo le envió a la Universidad de Erfurt. Lutero aspiraba ser abogado, pero de repente escuchó el llamamiento para la carrera de monje y entró al monasterio agustino. Lo ordenaron al sacerdocio y pronto llamó la atención por su habilidad. En 1511, lo enviaron a Roma y regresó desencantado por lo que allí vio de mundanalidad y maldad en la iglesia. En ese mismo año, empezó su carrera de reformador atacando la venta de "indulgencias", o de perdón de pecados, y como ya vimos, clavó sus tesis en la puerta de Wittenberg. Cuando lo excomulgaron, citaron a Roma y el papa León X lo condenó en su ausencia, quemó la bula o decreto papal en 1520. El 18 de abril de 1521 dio su célebre respuesta en la Dieta de Worms. Cuando iba de regreso a su hogar y debido a que corría el peligro de que sus enemigos lo asesinaran, sus amigos lo capturaron y escondieron en el castillo de Wartburg por casi un año. Aquí se dio a la tarea de traducir el Nuevo Testamento al alemán. Al regresar a Wittenberg, volvió a asumir la dirección de la Reforma. En 1529 se hizo un esfuerzo para unir a los seguidores de Lutero y de Zwinglio, pero sin éxito alguno debido al espíritu firme e inflexible de Lutero. Fue autor de muchos escritos que circularon en toda Alemania, pero el más influyente de todos fue su incomparable traducción de la Biblia. Murió mientras visitaba el lugar de su nacimiento, Eisleben, el 18 de febrero de 1546, a los sesenta y tres años de edad.

Juan Calvino, el teólogo más grande del cristianismo desde San Agustín, obispo de Hipona, nació en Noyon, Francia, el 10 de julio de 1509 y murió en Ginebra, Suiza, el 27 de mayo de 1564. Estudió en París, Orleans y Bourges. En 1528 abrazó las enseñanzas de la Reforma y lo desterraron a París. En 1536 publicó en Basilea sus *Instituciones de la religión cristiana,* que llegaron a ser la base de la doctrina de las iglesias protestantes, excepto la luterana. En 1536 huyó a Ginebra, donde vivió, con la interrupción de unos cuantos años de destierro, hasta su muerte. Su academia protestante, que fundó con Teodoro Beza y otros reformadores, llegó a ser uno de los principales centros del protestantismo en Europa. Las teologías calvinista y luterana poseen características racionales y radicales que han inspirado a los movimientos liberales de los tiempos modernos, tanto en el estado como en la iglesia, y han contribuido poderosamente al progreso de la democracia en todo el mundo.

Tomás Cranmer puede considerarse el líder de la Reforma inglesa por su posición como el primer protestante a la cabeza de la iglesia. Cuando era joven, le agradó al rey Enrique VIII porque sugirió que se apelara a las universidades de Europa sobre la cuestión del divorcio del rey británico. Prestó servicios a Enrique VIII en varias embajadas y lo nombraron arzobispo de Canterbury. Aunque progresista en sus ideas, era también tímido y flexible, ejerciendo su influencia para medidas moderadas de reforma en la iglesia, en vez de radicales. Durante la menoría del rey Eduardo VI fue uno de los regentes y pudo adelantar la causa del protestantismo. El servicio mayor de Cranmer fue haber sido uno de los compositores del *Libro de Oración Común* y escritor de casi todos los artículos de religión. Con el ascenso de la reina María, lo depusieron de su arzobispado y lo encarcelaron. Bajo el peso del sufrimiento se retractó de sus opiniones protestantes con la esperanza de salvar su vida, pero lo condenaron a morir en la hoguera. Antes de su martirio, en 1556, renunció a su retractación y murió valientemente, extendiendo en el fuego su mano derecha con la cual había firmado su retractación, para que fuese la primera en arder.

Juan Knox fue el fundador de la Iglesia Escocesa y bien se le ha llamado "el padre de Escocia". Nació en 1505 o cerca de ese año en la Baja Escocia. Recibió su educación y ordenación para el sacerdocio en la Universidad de San Andrés, pero en lugar de entrar al pastorado ejerció como maestro. No fue sino hasta que tenía cuarenta y dos años de edad, alrededor de 1547, cuando abrazó la causa de la Reforma. Los aliados franceses de la reina regente lo apresaron junto a otros reformadores y lo enviaron a Francia, donde sirvió en las galeras. Sin embargo, le dieron la libertad y pasó algunos años desterrado en Inglaterra bajo el rey Eduardo VI y, después del ascenso de la reina María, en Europa continental. En Ginebra conoció a Juan Calvino y adoptó sus ideas, tanto en doctrina como en gobierno de la iglesia. En 1559 volvió a Escocia e de inmediato se convirtió en el líder, casi el gobernante absoluto, de la Reforma en su país. Logró que la fe y orden presbiterianas alcanzaran importancia suprema en Escocia y dirigió una reforma más radical que en ningún otro país de Europa. Murió en 1572. Mientras su cuerpo descendía a la tumba, Morton, el regente de Escocia, lo señaló diciendo: "¡Aquí yace un hombre que nunca tuvo temor!"

Entre los grandes hombres de este período, al menos deben citarse dos de los más eminentes en el lado catolicorromano. Uno de ellos fue Ignacio de Loyola, español, quien nació en 1491 ó 1495 de una familia noble, en el Castillo de Loyola, de donde tomó su nombre. Hasta los veintiséis años de edad fue un soldado valiente, aunque disoluto;

pero después de una grave herida y de una larga enfermedad, se dedicó al servicio de la iglesia. En 1534 fundó la Sociedad de Jesús, más conocida como los Jesuitas, la institución más poderosa de los tiempos modernos para la promoción de la Iglesia Católica Romana. Sus obras fueron muy pocas. Entre ellas está la *Constitución de la Orden*, que prácticamente no se ha alterado hasta la actualidad, y sus cartas y *Ejercicios espirituales*, una obra que a pesar de ser pequeña ha ejercido gran influencia no solo entre los jesuitas, sino también en todas las órdenes religiosas católicas. Ignacio de Loyola debe reconocerse como una de las personalidades más notables e influyentes del siglo dieciséis. Murió en Roma el 31 de julio de 1556 y lo canonizaron en 1622.

San Francisco Javier nació en 1506 en la sección española de Navarra, en ese tiempo un reino independiente en ambos lados de los Pirineos. Fue uno de los primeros miembros de la Sociedad de Jesús, y tomó como su obra el departamento de misiones extranjeras, de lo cual llegó a ser el fundador moderno. Estableció la fe catolicorromana en la India, en la isla de Ceilán, Japón y otros países del Lejano Oriente. Comenzaba su trabajo en la China cuando murió de repente de una fiebre, en 1552, a los cuarenta y seis años de edad. Durante su corta vida efectuó la conversión de millares de paganos; y siguió después de su muerte. Como resultado de sus planes y labores los catolicorromanos en el Oriente ahora constituyen muchos millones. En toda su vida Javier demostró un espíritu manso, tolerante y generoso, que ha hecho su memoria querida tanto para protestantes como para católicos.

La iglesia moderna

Desde el fin de la guerra de los treinta años (1648 d.C.) hasta la actualidad

Bosquejo de los capítulos 21—22

Sexto período general: La iglesia moderna

*Desde el fin de la guerra de los treinta años: 1648
hasta la actualidad*

I. Movimiento puritano (capítulo 21)
1. *Origen*
2. *Divisiones*
3. *Supremacía*
4. *Resultados*

II. Avivamiento wesleyano (capítulo 21)
1. *Necesidad*
2. *Líderes*
3. *Progreso del movimiento*
4. *Relación con la iglesia*
5. *Resultados*

III. Movimiento racionalista (capítulo 21)
1. *Origen*
2. *Crecimiento*
3. *Decadencia*
4. *Efectos*

IV. Movimiento anglocatólico (capítulo 21)
1. *Nombres*
2. *Propósito*
3. *Principio*
4. *Líderes*
5. *Tendencia*
6. *Resultados*

V. Movimiento misionero moderno (capítulo 22)
1. *Misiones en la iglesia primitiva*
2. *Descuido de las misiones en los períodos medievales y de reforma*

La iglesia moderna (1649–hasta la actualidad)

Primera parte

Movimiento puritano. Avivamiento wesleyano. Movimiento racionalista. Movimiento anglocatólico.

En nuestro estudio del período moderno, los últimos dos siglos y medio, nuestra atención se dirigirá especialmente a las iglesias que surgieron de la Reforma. La Iglesia Católica Romana ha seguido su propio camino, aparte por completo del mundo protestante y está fuera de nuestro horizonte. Nuestro propósito será trazar de forma breve ciertos movimientos importantes que, desde la Reforma, influyeron sobre todo en países protestantes como Inglaterra, Alemania septentrional y Estados Unidos.

Poco después de la Reforma tres diferentes grupos aparecieron en la Iglesia Inglesa: el elemento romanista, que buscaba amistad y nueva unión con Roma; el anglicano, que estaba satisfecho con las reformas moderadas llevadas a cabo bajo el rey Enrique VIII y la reina Isabel; y el grupo radical protestante que anhelaba una iglesia igual a las establecidas en Ginebra y Escocia. Este último grupo llegó a conocerse como "puritanos" (alrededor de 1654). Se oponían con tanta fuerza al sistema anglicano bajo la reina Isabel, que muchos de sus líderes fueron al destierro. Los puritanos también tenían una división interna de dos elementos: los que favorecían la forma presbiteriana y los que buscaban la independencia de cada sociedad local, conocidos como "independientes" o "congregacionalistas", que eran el elemento más radical. Sin embargo, hasta entonces, todos estos grupos permanecían como miembros de la Iglesia Inglesa.

En la lucha entre Carlos I y el Parlamento, los puritanos fueron los campeones de los derechos populares. Al principio el grupo presbiteriano llegó a dominar. Por orden del Parlamento, una asamblea de ministros puritanos celebrada en Westminster, en 1643, preparó la Confesión de Westminster y los dos catecismos, considerados por tanto tiempo como los ideales presbiterianos y congregacionalistas. Durante el gobierno de Oliver Cromwell (1653--1658) triunfó el elemento independiente o congregacionalista. Con Carlos II (1659–1685) los anglicanos asumieron otra vez el poder y se persiguieron a los puritanos por no conformistas. Después de la Revolución de 1688, se reconocieron como disidentes de la Iglesia de Inglaterra y obtuvieron derechos como organizaciones separadas, fuera por completo de la iglesia establecida. Del movimiento puritano surgieron tres iglesias: presbiteriana, congregacionalista y bautista.

En la primera mitad del siglo dieciocho, las iglesias de Inglaterra, la oficial y la disidente, cayeron en un estado de decadencia. Los servicios religiosos eran formalistas y fríos, con una creencia intelectual y una falta de poder moral sobre el pueblo. Un grupo de predicadores sinceros, dirigidos por los hermanos Juan y Carlos Wesley y Jorge Whitefield, despertaron a Inglaterra de ese estado. De estos, Whitefield era el más poderoso predicador. Conmovía el corazón de miles de personas, tanto en Inglaterra como en Estados Unidos. Carlos Wesley era el poeta sagrado, cuyos himnos han enriquecido toda colección desde su día, pero Juan Wesley fue sin duda alguna el indiscutible líder y estadista del movimiento. A los treinta y cinco años de edad, mientras desempeñaba las funciones de clérigo anglicano, Juan Wesley halló la realidad de una religión espiritual entre los moravos, un cuerpo de disidentes de la Iglesia Luterana. En 1739 empezó a predicar "el testimonio del Espíritu" como un conocimiento interno personal y formó sociedades con los que aceptaban sus enseñanzas. Al principio estas sociedades las dirigían líderes de clases, pero más tarde Wesley convocó un cuerpo de predicadores laicos para que llevaran sus doctrinas y relataran su experiencia en todo lugar en la Gran Bretaña y en las colonias estadounidenses. A sus seguidores muy pronto se les llamó "metodistas" y Wesley aceptó el nombre. En Inglaterra se les conoció como "metodistas wesleyanos" y antes de su muerte constituían muchos millares.

Aunque por muchos años sufrió violenta oposición en la Iglesia de Inglaterra y no se le permitía predicar en sus púlpitos, Wesley afirmó ser miembro fiel, considerando su sociedad no como una denominación separada, sino una organización dentro de la Iglesia Inglesa. Sin embargo, después de la revolución estadounidense en 1784, organizó a los metodistas en Estados Unidos, que en ese tiempo eran catorce mil, en una iglesia separada según el plan episcopal y les puso "superintendentes", título que prefería al de "obispo". Sin embargo, pronto en Estados Unidos se prefirió el nombre de obispo y se generalizó.

El movimiento wesleyano despertó a un nuevo poder la vida cristiana entre clérigos y disidentes. También condujo a la creación de iglesias metodistas bajo formas variadas de organización en muchos países. En el continente americano, al principio del siglo veinte, los miembros en lista de los metodistas ascendían a más de seis millones. Ningún líder en la iglesia cristiana ha obtenido tantos seguidores personales como Juan Wesley.

La Reforma estableció el derecho del juicio privado en cuanto a la religión y la Biblia, aparte de la autoridad sacerdotal o de la iglesia. Un resultado inevitable se obtuvo. Mientras algunos pensadores aceptaron las ideas antiguas de la Biblia como un libro sobrenatural, otros empezaron a considerar la razón como la autoridad suprema y a demandar una interpretación racional y no sobrenatural de la Escritura. A los estudiantes que seguían la razón en detrimento de lo sobrenatural se les llamó "racionalistas". Los gérmenes del racionalismo existían en Inglaterra y Alemania desde principios del siglo dieciocho, pero su actividad como un movimiento distinto en la iglesia empezó con Johann Semler (1725–1791), quien reclamaba que sin pruebas no debía aceptarse ninguna cosa recibida de la tradición, que la Biblia debía juzgarse por la misma crítica que se le aplicaba a los escritos antiguos, que todo registro de milagros debía desacreditarse y que Jesús era únicamente un hombre y no un ser divino.

El espíritu racionalista creció hasta que a casi todas las universidades de Alemania las dominó el racionalismo. Esto llegó a su apogeo con la publicación de *La vida de Jesús*, por Friedrich Strauss en 1835, procurando demostrar que el relato de los Evangelios eran "mitos" o leyendas. Esta obra la tradujo George Eliot (Mary Ann Evans) en 1846 y obtuvo amplia circulación en Inglaterra y en Estados Unidos. Los tres grandes líderes que en el siglo diecinueve tornaron la corriente del pensamiento de lo racional a lo ortodoxo fueron Schleiermacher (1768–1834), a quien con justicia se le ha llamado "el más grande teólogo del siglo diecinueve"; Neander (1789–1850); y Tholuck (1790–1877). La erudición racionalista despertó un nuevo espíritu de investigación, llamando a muchos teólogos e intérpretes bíblicos a salir en defensa de la verdad. De esta manera permitió que el contenido de la Biblia y las doctrinas del cristianismo se estudiasen ampliamente y se entendieran con más inteligencia. Por ejemplo, la vida de Cristo nunca se había escrito con erudición hasta la publicación del libro de Strauss en 1835. Ahora las grandes obras profundas sobre el tema pueden contarse por miles. El racionalismo, que amenazó con derribar al cristianismo, le provocó que aumentara su fuerza.

Alrededor de 1875 surgió una tendencia en la Iglesia de Inglaterra que levantó fuerte controversia y, en sus variados aspectos, recibió diferentes nombres. Por su propósito, le llamaron "movimiento anglocatólico"; debido a la universidad donde surgió le llamaron "Movimiento de Oxford"; por su crecimiento, mediante la publicación de noventa tratados numerados por diferentes escritores que expusieron sus ideas, recibió el nombre de "tractarianismo"; y por uno de sus principales exponentes le llamaban, sobre todo sus oponentes, "movimiento puseyista" o "puseyismo".

Se trataba de un esfuerzo por separar a la Iglesia de Inglaterra del protestantismo y restaurarla a las doctrinas y prácticas de los primeros siglos cuando la iglesia cristiana era una y no necesitaba reforma. Los líderes del movimiento fecharon su principio con la publicación en 1827 del *Año cristiano*, de Juan Keble, una serie de poemas que despertaron un nuevo interés en la iglesia. El verdadero principio, sin embargo, fue un sermón que Keble predicó en julio de 1833, en Santa María, Oxford, sobre "Apostasía nacional". Enseguida empezó a aparecer una serie de interesantes "Tratados de actualidad" sobre la forma de gobierno, doctrinas y adoración de la iglesia inglesa, y continuaron desde 1833 hasta 1841. Aunque Keble inspiró el movimiento y simpatizaba por completo con el mismo, su líder fue Juan Enrique Newman, quien escribió muchos de los "Tratados de actualidad", y cuyos sermones desde el púlpito de Santa María eran la presentación popular de la causa. Otro de sus defensores fue el muy capaz erudito y profundamente religioso canónigo Eduardo B. Pusey. Millares de prominentes clérigos y laicos de la Iglesia de Inglaterra apoyaron activamente el movimiento. A sus líderes se les acusó de romanistas en espíritu y propósito, pero el propósito general era fortalecer el poder de la iglesia y elevar sus ideales. Debido a que el espíritu del movimiento era desacreditar la Reforma y animar el anglocatolicismo, tenía una tendencia inevitable hacia Roma; y en 1845, su gran líder, Newman, siguió la lógica de sus convicciones e ingresó en la Iglesia Católica Romana. Su separación causó gran conmoción, pero no detuvo la corriente anglocatólica.

La iglesia moderna (1649–hasta la actualidad)

Segunda parte

Movimiento misionero moderno. Líderes del período. La iglesia del siglo veinte.

Durante mil años, desde los días de los apóstoles, el cristianismo fue una institución activa en la obra misionera. En los primeros cuatro siglos de su historia la iglesia convirtió el Imperio Romano al cristianismo. Después sus misioneros se encontraron con las huestes de los bárbaros que avanzaban y los conquistaron antes de que ellos conquistaran al Imperio Occidental. Pasado el siglo décimo, la iglesia y el estado, el papa y el emperador, estaban en lucha por el dominio supremo y el espíritu misionero decayó, aunque nunca se perdió por completo. A la Reforma le interesaba más trabajar en la purificación y organización de la iglesia, antes que en su extensión. Hemos visto que en la última época de la Reforma se dio el primer paso para cristianizar al mundo pagano, no por los protestantes, sino por los catolicorromanos, bajo Francisco Javier.

A principios de 1732, los moravos empezaron a establecer misiones extranjeras enviando a Hans Egede a Groenlandia y de inmediato la misma iglesia comenzó a trabajar entre los indios de Estados Unidos, entre los negros de las Indias Occidentales y en los países orientales. En proporción a su pequeño número de miembros en su país, ninguna otra denominación ha sostenido tantas misiones como la Iglesia Morava a través de toda su historia.

El fundador de las misiones modernas de Inglaterra fue Guillermo Carey. Trabajó como zapatero, fue autodidacto y llegó a ser ministro bautista en 1789. Frente a una fuerte oposición empezó a insistir en el envío de misioneros al mundo pagano. Un sermón que predicó en 1792, bajo dos títulos: (1) "Emprended grandes cosas para Dios" y (2) "Esperad grandes cosas de Dios", condujo a la organización de la Sociedad Misionera Bautista y al envío de Carey a la India. La Compañía (inglesa) de las Indias Orientales, que entonces gobernaba la India, no le permitió desembarcar, pero halló cabida en Serampore, una colonia danesa cerca de Calcuta. A pesar de que no recibiera educación en su juventud, llegó a ser uno de los principales eruditos del mundo en el sánscrito y otras lenguas orientales. Sus gramáticas y diccionarios aún se usan. Desde 1800 a 1830 fue profesor de literatura oriental en la universidad de Fort William, Calcuta. Murió en 1834 reverenciado por todo el mundo como padre de un gran movimiento misionero.

La empresa misionera en Estados Unidos recibió su primera inspiración de la famosa "reunión de oración" llevada a cabo en la universidad Williams, Massachusetts, en 1811. Un grupo de estudiantes se reunió en un campo para orar sobre el tema de misiones. Se desató una tempestad y se refugiaron bajo una parva de heno en el campo, y allí consagraron sus vidas a la obra de Cristo en el mundo pagano. De esta reunión surgió la Junta Americana de Comisionados para Misiones Extranjeras, que al principio era interdenominacional, pero como otras iglesias formaron sus sociedades propias, pronto llegó a ser la empresa de las iglesias congregacionalistas. La Junta Americana envió cuatro misioneros, dos de ellos, Newell y Hale, fueron a la India. Los otros, Hudson y Rice, en su viaje al Lejano Oriente, cambiaron de ideas acerca del bautismo y renunciaron a la Junta Americana. Su acción resultó en la formación de la Sociedad Misionera Bautista Americana, y Hudson y Rice comenzaron la obra en Birmania. Este ejemplo de congregacionalistas y bautistas lo siguieron otras denominaciones, y antes que pasasen muchos años, cada iglesia tenía su propia junta y sus propios misioneros.

En la época actual, desde principios del siglo veinte, casi ningún país de la tierra está sin el evangelio. Escuelas cristianas, universidades, hospitales, orfanatorios y otras instituciones filantrópicas se encuentran por todo el mundo pagano, y las entradas anuales de las diferentes juntas ascienden a muchos millones. La característica más prominente en la iglesia de hoy, en la Gran Bretaña y Estados Unidos, es su profundo y amplio interés en las misiones extranjeras.

De los muchos grandes hombres que se han levantado en los últimos tres siglos, es difícil mencionar los principales en pensamiento y actividad cristiana. Los siguientes pueden señalarse como hombres representativos en los movimientos de sus tiempos.

Ricardo Hooker (1553–1600) escribió la obra más famosa y de mayor influencia en la constitución de la Iglesia de Inglaterra. Nació de padres pobres, obtuvo ayuda en su educación en la Universidad de Oxford, donde obtuvo gran conocimiento en diferentes aspectos y lo nombraron en sucesión, tutor, socio y conferenciante. Lo ordenaron en 1582 y por un tiempo fue pastor asociado en Londres con un elocuente puritano, siendo Hooker de ideas anglicanas. Sus controversias en el púlpito finalmente condujeron a Hooker a buscar una parroquia rural donde pudiese tener tiempo para estudiar. Su gran obra fue *Las leyes del gobierno eclesiástico*, en ocho tomos. Se trata de la presentación más hábil del sistema episcopal publicado y de la cual la mayoría de los escritores desde su día han tomado sus argumentos. Sin embargo, es liberal en su actitud hacia las iglesias no episcopales y en particular libre de un espíritu implacable de controversia. Hooker solo contaba con cuarenta y seis años cuando murió.

Tomás Cartwright (1535–1603) puede considerarse el fundador del puritanismo, aunque no el más grande de sus partidarios. Ese honor pertenece a Oliver Cromwell, cuya gesta, sin embargo, está en la historia del estado y no en la iglesia. Cartwright llegó a ser profesor de teología en la Universidad de Cambridge en 1569, pero perdió su posición al siguiente año debido a que sus opiniones publicadas desagradaron a la reina Isabel y a los principales obispos. Abogaba en favor de la idea de que las Escrituras no solo contienen la regla de fe y doctrina, sino también del gobierno de la iglesia; que la iglesia debía ser presbiteriana en su sistema; que no solamente debía ser independiente del estado, sino prácticamente suprema sobre el estado. Era tan intolerante como los altos eclesiásticos en demandar uniformidad en la religión, a fin de que lo pusiese en vigor la autoridad civil, con tal que la iglesia fuese presbiteriana y su doctrina la de Juan Calvino. Por unos cuarenta años Cartwright fue pastor en las islas de Guernsey y Jersey, donde estableció iglesias de su propia creencia. Sin embargo, desde 1573 a 1592 estuvo la mayor parte del tiempo en prisión o en el exilio en Europa. Parece que los últimos nueve años de su vida los pasó en retiro. Más tarde, sus ideas llegaron a imperar en la Cámara de los Comunes, mientras que el prelado dominaba en la Cámara de los Lores, y la lucha entre los partidos al fin culminó en la guerra civil y el gobierno de Cromwell.

A Jonatán Edwards (1703–1758) se le considera el primero de los estadounidenses en metafísica y teología, y el más grande teólogo del siglo dieciocho en ambos lados del Atlántico. En él se combinaban la lógica más aguda, el ardor más intenso en la investigación teológica y un piadoso fervor espiritual. Desde su tierna juventud fue precoz. Se graduó de la universidad de Yale a los dieciocho años de edad, habiendo leído extensamente la literatura filosófica de épocas pasadas y de su propio tiempo. En 1727 llegó a ser pastor asociado con su abuelo en la Iglesia Congregacional en Northampton y pronto se distinguió como un ardiente defensor de una sincera vida espiritual. Desde su púlpito salió el Gran Despertamiento, un avivamiento que se esparció por las Trece Colonias. Su oposición al "Convenio a Medias" que entonces era aceptado casi universalmente en Nueva Inglaterra (por el cual la gente se admitía como miembro de la iglesia sin un carácter religioso definido) levantó un sentimiento de malestar en su contra y condujo a su expulsión de la iglesia en 1750. Durante ocho años fue misionero a los indios. En este período de retiro escribió su monumental obra sobre *El libre albedrío*, que desde su tiempo ha sido el libro de texto del calvinismo en Nueva Inglaterra. En 1758 lo nombraron presidente de la universidad de Princeton, pero después de unas semanas de servicio murió a los cincuenta y cinco años de edad.

Juan Wesley nació en Epworth, al norte de Inglaterra, en el mismo año que Jonatán Edwards nació en América, 1703, pero le sobrevivió un tercio de siglo hasta 1791. Su padre fue durante cuarenta años párroco de la Iglesia de Inglaterra en Epworth. Sin embargo, Juan Wesley debió más a su madre, Susanna Wesley, descendiente de ministros puritanos o no conformistas. Susanna no fue solo madre, sino también maestra de dieciocho hijos. En 1724, Wesley se graduó de la universidad de Oxford, lo ordenaron en la Iglesia de Inglaterra y fue por unos años miembro de la Facultad de Lincoln. Durante este tiempo se asoció con un grupo de estudiantes de Oxford que aspiraban a una vida santa al que se les llamaba burlonamente "Club Santo" y más tarde "metodistas" por su manera de vivir. Este último, fue un nombre que años más tarde se hizo permanente para los seguidores de Wesley. En 1735 Wesley y su hermano menor, Carlos, fueron como misioneros a la nueva colonia de Georgia. Sus labores no tuvieron mucho éxito y regresaron a Inglaterra después de dos años. Sin embargo, en ambos este período fue poderoso en sus resultados, pues en ese tiempo conocieron un grupo de moravos, seguidores del conde Zinzendorf, y de ellos obtuvieron el conocimiento experimental de una vida espiritual. Hasta esta época el ministerio de Juan Wesley había sido un fracaso, pero desde entonces en adelante ningún ministro en Inglaterra, excepto Jorge Whitefield, despertaba en todas partes un interés tan grande. Wesley viajaba a caballo por toda Inglaterra e Irlanda predicando, organizando sociedades y dirigiéndolas a través de su larga vida, que duró casi hasta el fin del siglo dieciocho. De sus labores no solo surgió el cuerpo wesleyano en la Gran Bretaña bajo varias formas de organización, sino también las iglesias metodistas de Estados Unidos y de todo el mundo, contando entre sus miembros muchos millones. Murió en 1791 a los ochenta y ocho años de edad.

Juan Enrique Newman (1801–1890) por la habilidad y el brillante estilo de sus escritos, la claridad de sus ideas, el fervor de su predicación y, sobre todo por un raro atractivo personal, fue el líder del movimiento anglocatólico del siglo diecinueve. En 1820, recibió su título de la universidad Trinity, Oxford. En 1824, lo nombraron miembro de la Facultad de Oriel con los honores más altos. La Iglesia Inglesa lo ordenó y en 1828 lo nombraron vicario de la iglesia universitaria de Santa María, donde sus sermones le permitieron tener una influencia dominante sobre los hombres de Oxford por toda una generación. Aunque el movimiento de Oxford lo inició Keble, su verdadero líder fue Newman. Escribió veintinueve de sus noventa tratados e inspiró la mayoría de los restantes. En 1843, renunció a Santa María y se retiró a una iglesia en Littlemore. En parte, esto se debió a que el movimiento no tenía el apoyo de las autoridades en la universidad ni de los principales obispos de la iglesia, aunque en realidad fue porque sus propias ideas sufrieron un cambio. Vivió en retiro durante tres años, hasta 1845, cuando lo recibieron en la Iglesia Católica Romana. Después de este cambio de relaciones eclesiásticas vivió cuarenta y cinco años, la mayor parte del tiempo en Birmingham, con menos prominencia que antes, pero aún querido por sus antiguos amigos. Sus escritos fueron muchos, pero los que más circularon fueron sus tratados y varios volúmenes de sermones. En 1864 publicó un libro titulado *Apología pro Vita Sua*, relato de su propia vida religiosa y su cambio de opiniones con el que demostró su completa sinceridad y aumentó el respeto que ya muchos sentían por él, excepto algunos mordaces opositores. En 1879 lo nombran cardenal y muere en Birmingham en 1890. Ningún clérigo ni ninguna denominación en este siglo superó a Newman en su influencia.

La iglesia de este siglo enfrentó graves problemas tanto en el campo social como eclesial. La guerra, en las dos mayores así como en conflictos menores, confrontó a la iglesia con la actitud que debía tener hacia ella. En la Primera Guerra Mundial la tendencia de la iglesia fue considerar el conflicto como una guerra santa para Dios y la nación, y fue más allá de una misión de misericordia para santificar la guerra al reclutar, vender bonos de guerra y garantizarles el cielo a los muertos en batalla. En la Segunda Guerra Mundial la iglesia se opuso a cualquier insultante llamado, secundó las objeciones de conciencia, oró por los cristianos hermanos en ambos lados del frente y llena de misericordia se comprometió y ayudó en la reconstrucción de la posguerra.

Las relaciones raciales constituyeron otro problema apremiante en países como Sudáfrica con su sistema *Apartheid* de comunidades de segregación racial y Estados Unidos con su problema del negro. Este asunto surgió por primera vez durante la Guerra Civil que terminó con la esclavitud, pero que no le dio al negro un lugar en la sociedad equivalente al del hombre blanco. Con la emigración en masa de negros del sur a ciudades del norte, esto se convirtió en un problema nacional. Gran parte del progreso se encaminó hacia la meta de integración en las fuerzas armadas, la educación y las oportunidades económicas, pero los grandes desafíos los enfrenta la nación y la iglesia en las zonas urbanas deprimidas. Buena educación, oportunidades para mejores casas y empleos tienen que hacerse realidad. En todo esto la iglesia puede también tomar conciencia de la nación sin convertirse en parte del orden social.

Asimismo, este problema está íntimamente vinculado en el extranjero con la cuestión de la justicia económica a medida que el viejo imperialismo desaparece y surgen nuevas naciones por los resultados. Aquí de nuevo la iglesia puede ayudar a declarar principios con los que guiará la conciencia de los líderes. El sistema alternativo de comunismo, que llegó a dominar un tercio de las personas del mundo, ofrecía un falso programa de justicia económica impuesta a gran costo en vidas y libertad. En su lugar, Occidente puede ayudar a esas nuevas naciones a progresar sin el costo de la vida y la libertad. Serán necesarias estudiar las normas de la iglesia, la Biblia, la oración, las palabras desde el púlpito y la práctica cristiana personal como ciudadanos.

La disolución de un simple liberalismo teológico con sus enseñanzas de un Cristo humano como un ejemplo para el comportamiento ético de los hombres que no son pecadores y que podrían encontrar un orden perfecto se aceleró con el problema de la depresión y las dos guerras mundiales. En su lugar surgieron un pujante evangelismo y la neoortodoxia.

Al principio el fundamentalismo fue negativo en su reacción contra un liberalismo que defendió la evolución y la crítica bíblica. Esto se puso en evidencia en el enjuiciamiento de Scopes en 1925 y juicios heréticos en varias denominaciones. A partir de la Segunda Guerra Mundial emergió un evangelismo que es más positivo en su concepto de la verdad. Institutos bíblicos, como Moody, universidades, tales como Wheaton, y seminarios cristianos, tales como Fuller y Dallas, los fundaron líderes cristianos preparados y comprometidos con la doctrina y práctica evangélica en todas las esferas de la vida. El orden social bíblico, así como la proclamación del evangelio, captaron la atención de la revista *Christianity Today*, el evangelista Billy Graham y la Asociación Nacional de Evangélicos.

La guerra y la depresión hicieron escarmentar a muchos liberales que abrazaron la neoortodoxia según la proclamaban Karl Barth y sus sucesores. Aunque retenían las ideas de la crítica bíblica, admitían la universalidad del pecado y la necesidad del hombre de enfrentar y responder a un Dios santo que lo puede limpiar. A diferencia de los antiguos liberales que opinaban que la Biblia contenía la Palabra de Dios y los evangélicos que dicen que es la Palabra de Dios, esta gente dice que se convierte en la Palabra de Dios por la acción del Espíritu Santo. La neoortodoxia, excepto por hombres como Reinhold Niebuhr, no se enfrenta a los problemas actuales.

Los vientos de cambio soplaron incluso sobre el monolítico monopolio de salvación colectiva que proclamaba la Iglesia Católica Romana. Durante los pontificados de Pío XI y XII hasta 1958, la iglesia adoptó una firme postura contra el comunismo, al que veía como una amenaza de su seguridad, que trató de usar a Occidente, incluso estados totalitarios como Alemania e Italia, como baluarte contra el comunismo. La estrategia bajo Juan XXIII y Pablo VI se inclinó a moderar las declaraciones anticomunistas y a una limitada coexistencia y cooperación, tal como en Polonia. También hay una actitud de mayor cooperación hacia las iglesias protestante y ortodoxa. En el Concilio Vaticano II (1963–5), Juan XXIII enfatizó el *aggiornamento* o la puesta al día de la iglesia. Debe observarse, sin embargo, que esto no afectó ningún dogma ni método esencial de la iglesia, sino que solo puso la misa en lengua vernácula, permitió la lectura de la Biblia y el diálogo entre las iglesias a través de las vías ecuménicas. Los resultados de este concilio ecuménico aún están por verse.

La tendencia a la unión trajo como resultado la cooperación *interdenominacional* en grupos tales como la Sociedad Bíblica Americana, Sociedad de Esfuerzo Cristiano, Juventud para Cristo Internacional y otros. La *reunión orgánica* de grupos similares trajo como resultado, por ejemplo, la iglesia metodista que se formó en 1939 de la unión de metodistas del norte y del sur y de grupos distintos de algunos presbiterianos, metodistas y congregacionalistas para formar la Iglesia Unida del Canadá en 1925. El mayor empuje, sin embargo, fue de las *confederaciones* de grupos similares en organismos tales como la Conferencia de Lambeth de los anglicanos, desde 1867, y de diferentes denominaciones en el Concilio Nacional de Iglesias en 1948, en Amsterdam. Los homólogos evangélicos han tenido la Asociación Nacional de Evangélicos en 1943 y el Compañerismo Evangélico Mundial en 1951. Uno espera que todos estos no quieran ser una simple organización, sino que la pureza de doctrina, el compañerismo cristiano en el Señor y el servicio amoroso sea lo más importante.

Bosquejo de los capítulos 23—27

Primera parte (capítulo 23)

I. Iglesia Católica Romana
1. *Católicos españoles*
2. *Católicos franceses*
3. *Católicos ingleses*
4. *Inmigración católica*
5. *Gobierno católico*

II. Iglesia Protestante Episcopal
1. *En Virginia*
2. *En Nueva York*
3. *Durante la revolución norteamericana*
4. *Primeros obispos*
5. *Miembros*
6. *Organización*

III. Iglesias Congregacionales
1. *Los Peregrinos*
2. *Organización*
3. *Desarrollo*
4. *Doctrinas*
5. *Miembros*

IV. Iglesias Reformadas
1. *Iglesia Reformada en América*
2. *Iglesia Reformada en Estados Unidos*
3. *Doctrinas*
4. *Organización*

V. Bautistas
1. *Principios*
2. *Sistema*
3. *Espíritu*
4. *Origen en Europa*

8. *Organización*

x. Hermanos Unidos
   1. *Origen*
   2. *Doctrinas*
   3. *Forma de gobierno*
   4. *División*
   5. *Miembros*

xi. Discípulos de Cristo
   1. *Origen*
   2. *Propósitos*
   3. *Normas doctrinales*
   4. *Sistema eclesiástico*
   5. *Desarrollo*

xii. Unitarios
   1. *Doctrinas*
   2. *Origen*
   3. *Miembros*

xiii. Ciencia Cristiana
   1. *Fundadora*
   2. *Organización*
   3. *Creencia*
   4. *Miembros*

xiv. Las iglesias en el Canadá (capítulo 25)
   1. *Precursores de la religión en el siglo diecisiete*
   2. *Católica*
   3. *Anglicana (Iglesia de Inglaterra)*
   4. *Metodista y presbiteriana*
   5. *Iglesia Unida del Canadá*
   6. *Bautista y luterana*
   7. *Doukhobors y menonitas*

Iglesias cristianas en Estados Unidos

Primera parte

Católica Romana, Protestante Episcopal, Congregacionales, Reformadas, Bautistas, Los Amigos o Cuáqueros.

En la actualidad, en Estados Unidos hay al menos doscientas sesenta y cinco denominaciones religiosas con más de trescientas veinticinco mil iglesias. La membresía global de varias denominaciones es aproximadamente de ciento veinticinco millones. De estas solo se pueden destacar las que parecen ser mayores e importantes, y será de manera somera. Las tomamos en el orden de su establecimiento en Estados Unidos.

Como España, Portugal y Francia, naciones catolicorromanas, realizaron las primeras expediciones al Nuevo Mundo con el fin de descubrir, conquistar y colonizar, la primera iglesia establecida en el Continente Occidental, tanto en América del Sur como América del Norte, fue la Iglesia Católica Romana. La historia de esa iglesia en América empieza en 1494, cuando Colón en su segundo viaje llevó consigo doce sacerdotes para la conversión de las razas nativas. Dondequiera que iban los españoles, para establecerse o para conquistar, los acompañaban sus clérigos, quienes establecían su sistema religioso.

Las primeras iglesias de Estados Unidos se establecieron en San Agustín, Florida, en 1565 y en Santa Fe, Nuevo México, como en el año 1600. El método español era esclavizar a los nativos, obligarles a convertirse y forzarles a construir templos y monasterios semejantes a los de España. Algunos de sus antiguos edificios de misiones, estructuras sólidas, ahora desmanteladas y desiertas, aún pueden verse en Tejas y California. En el siglo dieciocho y como resultado de la ocupación de los españoles, la Iglesia Católica Romana dominaba por completo el territorio de Florida a California. Sin embargo, esta vasta extensión estaba escasamente poblada, pues los españoles, aunque muy buenos en la conquista, eran lentos para colonizar.

Poco después del dominio español del sur, vino la ocupación francesa del norte, en el río San Lorenzo, en la "Nueva Francia" o Canadá. Quebec se estableció en 1608, Montreal en 1644; y por un tiempo los inmigrantes franceses fueron pocos. En 1663, la población francesa del Canadá solo contaba con dos mil quinientas personas. Pero poco después los colonizadores empezaron a venir con rapidez y el registro de nacimientos en América del Norte fue mucho más elevado que el de Francia; de manera que toda la región del río San Lorenzo, desde los Grandes Lagos hasta el Océano Atlántico, pronto la poseyeron franceses católicos, en su mayoría analfabetos, y mucho más sumisos a sus sacerdotes que sus compañeros católicos de Francia. En Canadá se hizo un gran esfuerzo por convertir a los indios a la fe católica, y el mundo no tiene anales más heroicos y abnegados que los de los jesuitas en las colonias francesas. Sus métodos estaban en marcado contraste con los de Hispanoamérica. Ganaban la amistad de los indios por su amabilidad y su obra abnegada.

A mediados del siglo dieciocho, todo el territorio del gran noroeste más allá de los montes Alleghenies, estaba bajo la influencia francesa; España gobernaba el sudoeste; y sobre ambas posesiones la Iglesia Católica Romana era suprema, mientras que solo una estrecha franja de la costa del Atlántico era protestante bajo las colonias inglesas. Todo pronóstico para el futuro señalaría a los católicos como destinados a gobernar todo el continente. Sin embargo, la conquista británica del Canadá en 1759, y más tarde la adquisición de Luisiana y Tejas a Estados Unidos, alteró el equilibrio de poder en Norteamérica, del catolicismo al protestantismo.

Las colonias inglesas en la costa del Atlántico eran protestantes, excepto los colonizadores en Maryland, en 1634, que eran católicos ingleses, cuyo culto estaba prohibido en su propio país. Aun en el Nuevo Mundo podían obtener permiso constitucional solo concediendo libertad a toda religión; y pronto, debido a que la mayoría de los colonos eran protestantes, el culto romano se prohibió, aunque después se volvió a permitir. No fue sino en 1790 que un obispo catolicorromano se consagró para Maryland, el primero en Estados Unidos. Para ese tiempo la población católica en este país se calculaba en cincuenta mil personas.

Alrededor de 1845, Estados Unidos comenzó a recibir una gran corriente de inmigrantes de Europa. Al principio era en su mayoría católica procedente sobre todo de condados muy católicos en Irlanda. Más tarde, a estos se les agregaron otros millones del sur de Alemania y aun más tarde muchos de Italia. Del aumento natural por nacimiento, por inmigración y por una cuidadosa supervisión sacerdotal, la Iglesia Católica Romana en Estados Unidos hizo grandes progresos hasta que ahora la población católica alcanza a unos cuarenta y seis millones o alrededor de un tercio del número de comulgantes en todas las iglesias protestantes juntas.

Como parte de la iglesia romana mundial, los católicos estadounidenses están bajo el gobierno papal. La nación se divide en ciento diez diócesis, cada una tiene su obispo nombrado por el papa, a quien el clero ofrece candidatos, que pueden aceptarse o rechazarse. Las diócesis están unidas en veinticuatro archidiócesis, cada una bajo un arzobispo; y sobre todas estas presiden seis cardenales, también nombrados por Roma.

La Iglesia de Inglaterra fue la primera religión protestante establecida en Estados Unidos. En 1579, Sir Francis Drake ofició un servicio religioso en California y en 1587 varios clérigos acompañaron la desafortunada expedición de Sir Walter Raleigh. La entrada permanente de la iglesia inglesa fue en 1607, con la primera colonia inglesa en Jamestown, Virginia. La Iglesia de Inglaterra fue la única forma de adoración reconocida en el período primitivo en Virginia y otras colonias del sur. Cuando en 1664 Nueva York, colonizada por los holandeses, pasó a ser territorio inglés, se estableció la Iglesia de Inglaterra y pronto llegó a ser iglesia oficial de la colonia, aunque no se prohibían otras formas protestantes. En 1697 se constituyó la parroquia de la Trinidad en Nueva York y en 1695 la Iglesia de Cristo en Filadelfia.

En su ordenación, a cada clérigo de esta iglesia se le exigía un juramento de lealtad a la corona británica y como resultado natural casi todos eran leales (llamados "tories") en la Guerra de Independencia. Muchos de los clérigos episcopales evacuaron el país y al final de la guerra era difícil suplir las parroquias vacantes porque el requisito de lealtad a Gran Bretaña ya no podía efectuarse; y por la misma razón no podían consagrarse obispos. En 1784, el Rvdo. Samuel Seabury, de Connecticut, recibió consagración de obispos escoceses, que no requerían el juramento de lealtad, y en 1787 el arzobispo de Canterbury consagró a los doctores Guillermo White y Samuel Provoost dando de esta manera a la iglesia Norteamericana la sucesión inglesa. La iglesia en Estados Unidos adoptó el nombre oficial de Iglesia Protestante Episcopal. Desde entonces el crecimiento de la Iglesia Episcopal ha sido rápido y constante. Cuenta ahora con una membresía de casi tres millones y medio.

Reconoce tres órdenes en el ministerio: obispos, sacerdotes y diáconos, y acepta la mayoría de los treinta y nueve artículos de la Iglesia de Inglaterra, modificados para adaptarlos a la forma de gobierno americano. Su autoridad legislativa se confiere a una convención general que se reúne cada tres años. Se trata de dos cuerpos, una cámara de obispos y una cámara de delegados clérigos y laicos electos por convenciones en varias diócesis.

Después de Virginia con la Iglesia de Inglaterra, la siguiente región colonizada fue Nueva Inglaterra, empezando con los "peregrinos" que en diciembre de 1620 desembarcaron del buque "Mayflower", en Plymouth, en la bahía de Massachusetts. Estos eran "independientes" o "congregacionalistas", el elemento más radical en el movimiento puritano inglés, exiliados de Inglaterra a Holanda por razón de sus ideas; y ahora buscaban un hogar en las tierras despobladas del Nuevo Mundo. Antes de desembarcar en Plymouth se organizaron como una verdadera democracia, con un gobernador y consejo electo por voto popular, aunque bajo bandera inglesa. Al principio no se separaron de la Iglesia de Inglaterra, sino que se consideraron como reformadores dentro del seno de la misma. De acuerdo con sus convicciones cada iglesia local era absolutamente independiente de la autoridad exterior, formando su propia plataforma, llamando y ordenando a sus ministros y dirigiendo sus propios asuntos. Cualquier concilio o asociación de iglesias solo tenía una influencia moral sobre sus diversas sociedades, no una autoridad eclesiástica. Eran en efecto una teocracia y como tal todas las familias en la colonia pagaban contribuciones para el sostén de la iglesia, pero solo los miembros de la iglesia podían votar en las elecciones del municipio y la colonia. Poco a poco se abolieron las restricciones, pero no fue hasta 1818 en Connecticut y en 1833 en Massachusetts que la iglesia y el estado se separaron absolutamente y el sostenimiento de la iglesia fue del todo voluntario.

Las persecuciones de los puritanos por los gobernantes de la Iglesia de Inglaterra condujeron a multitudes a buscar refugio y libertad en Nueva Inglaterra; y las colonias en esa región se desarrollaron con más rapidez que en ninguna otra parte en el siglo diecisiete. Se establecieron dos universidades, la de Harvard en Cambridge y la de Yale en New Haven; ambas destinadas a ser más tarde grandes universidades. La educación general en Nueva Inglaterra estaba más avanzada que en las otras colonias. Como los presbiterianos y congregacionalistas surgieron también de la Iglesia de Inglaterra y ambos se desarrollaron calvinistas en sus credos, aceptando la Confesión de Westminster, las relaciones de estos dos cuerpos eran amigables. Por mucho tiempo hubo un entendimiento tácito, formalizado en un pacto mutuo en 1801 en que las iglesias presbiterianas no deberían extenderse a Nueva Inglaterra, ni las iglesias congregacionales fuera de Nueva Inglaterra. Este pacto, sin embargo, lo abrogó una convención congregacionalista en 1852, y desde entonces el sistema congregacionalista ha hecho un rápido progreso por todo Estados Unidos, aunque menos en el sur que en ninguna otra parte. En 1931 la Iglesia Congregacional y la Iglesia Cristiana (Convención General) se fundieron para formar las Iglesias Cristianas Congregacionales con alrededor de dos millones de miembros.

Nueva York fue el primer lugar que ocuparon los holandeses como un centro comercial en 1614. Al principio la colonia se llamó los Nuevos Países Bajos y la ciudad Nueva Amsterdam. En 1628 se organizó la primera iglesia bajo el nombre de Iglesia Protestante Reformada Holandesa; y durante la supremacía holandesa fue la iglesia oficial de la colonia. Las iglesias de este orden se establecieron en el norte de Nueva Jersey y en ambos lados del río Hudson hasta Albany. Por más de cien años los cultos se realizaron en el idioma holandés. En 1664, Gran Bretaña ocupó la colonia, le puso por nombre Nueva York y la Iglesia de Inglaterra se convirtió en la religión del estado. Sin embargo, los ciudadanos de descendencia holandesa siguieron firmes en su propia iglesia; y sus grandes propiedades aumentaron en valor con el desarrollo de la ciudad. En 1867 se omitió la palabra "holandesa" de su título oficial, la cual llegó a ser "La Iglesia Reformada de América". Cuenta con muchas iglesias fuertes en la región central y el extremo oeste. La membresía es de alrededor de doscientos treinta y tres mil.

A principios del siglo dieciocho se trajo al país otra iglesia reformada de origen alemán que lleva el nombre de "Iglesia Reformada en Estados Unidos". Popularmente a la primera iglesia se le conoce como Iglesia Reformada Holandesa, a la otra como Iglesia Reformada Alemana. Una tercera iglesia del mismo orden es la Iglesia Cristiana Reformada que surgió de la iglesia del estado en Holanda en 1835; y una cuarta es "La Verdadera Iglesia Reformada". Se han hecho esfuerzos para unir estas cuatro iglesias reformadas en un cuerpo organizado, pero hasta ahora no se han tenido resultados.

Todas estas iglesias reformadas se adhieren al sistema de doctrina calvinista, enseñan el catecismo Heidelberg y se organizan bajo el mismo plan, parecido al presbiteriano, pero con diferentes nombres de sus cuerpos eclesiásticos. La junta gobernante en la iglesia local es el consistorio. Los consistorios vecinos forman un consejo; los consejos de un distrito están unidos en un sínodo particular; y estos en un sínodo general.

Una de las mayores y más ampliamente esparcidas de las iglesias cristianas en Norteamérica es el grupo bautista, que asciende en sus diez mayores denominaciones a mucho más de veinte millones de miembros. Sus principios distintivos son dos: (1) el bautismo debe impartirse solo a quienes profesan su fe en Cristo y, por consiguiente, no deben bautizarse niños; (2) la única forma bíblica de bautismo es por inmersión del cuerpo en agua, no por aspersión ni rociamiento.

Son congregacionales en su sistema, cada iglesia local es absolutamente independiente de toda jurisdicción externa, fija sus propias normas para los miembros y establece sus propias reglas. No tienen una Confesión de Fe general ni ningún catecismo para instruir a los jóvenes en sus principios. Y, sin embargo, no hay otra iglesia en el país más unida en espíritu, más activa y emprendedora en sus labores y más leal en sus principios que las iglesias bautistas.

Los bautistas surgieron poco después del comienzo de la Reforma en Suiza en 1623 y se esparcieron rápidamente en el norte de Alemania y Holanda. Al principio se les llamó anabaptistas porque volvían a bautizar a los que ya se habían bautizado en la infancia. En sus inicios en Inglaterra estaban unidos con los independientes o congregacionales, y poco a poco llegaron a ser cuerpos separados. Es más, la iglesia en Bedford, de la cual Juan Bunyan fue pastor alrededor de 1660 y que aún existe, se sigue considerando bautista y congregacional.

En Norteamérica, comenzaron con Roger Williams, un clérigo de la Iglesia de Inglaterra, quien fue a Nueva Inglaterra y lo expulsaron de Massachusetts porque se negó aceptar reglas y opiniones congregacionales. En 1644, obtuvo la jurisdicción de la colonia de Rhode Island.* Allí se permitían todas las formas de adoración religiosa y se acogían a los partidarios de muchos credos que perseguían en otras partes. De Rhode Island los bautistas se esparcieron extensa y rápidamente por todas partes en el continente.

Sus iglesias locales están organizadas en asociaciones y estas en convenciones de estado y nacionales, pero son solo consejeras y no mandatarias. De las veintiocho denominaciones bautistas en Estados Unidos, las tres mayores son las bautistas regulares, Norte y Sur, y las de bautistas negros. La división entre bautistas del norte y del sur se debió a revolución por el problema de la esclavitud, reconocida en el sur, pero opuestos en el norte. Aunque aún separados, ambas asociaciones mantienen relaciones fraternales.

Como recordará, en 1792 los bautistas en Inglaterra formaron la primera sociedad misionera moderna y enviaron a Guillermo Carey a la India. La adopción de los principios bautistas por Adoniram Judson y Lutero Rice, rumbo a Birmania, condujo a la organización de la Convención General Misionera Bautista en 1814; y desde entonces los bautistas han estado a la vanguardia en el esfuerzo misionero y en el éxito.

De todos los movimientos surgidos de la gran Reforma, el que más se alejó del prelado y del gobierno de la iglesia fue el de los Amigos, comúnmente llamados "cuáqueros". Esta sociedad —pues nunca ha tomado el nombre de "iglesia"—surgió de la enseñanza de Jorge Fox

---

* Algunas autoridades fijan la fecha de la primera Iglesia Bautista en América como en 1639.

en Inglaterra, empezando alrededor del año 1647. Fox se oponía a las formas exteriores de la iglesia, el ritual y la organización eclesiástica. Enseñaba que el bautismo y la comunión debían ser espirituales y no formales; que el cuerpo de creyentes no debía tener sacerdote ni ministro con salario, sino que cualquier adorador debía hablar según la inspiración del Espíritu de Dios, quien es "la luz interior" y guía de todos los verdaderos creyentes; y que en los dones del Espíritu y gobierno de la Sociedad, los hombres y las mujeres debían tener los mismos privilegios. Sus seguidores al principio se autodenominaron "Hijos de la Luz", pero más tarde "La Sociedad de los Amigos". No se sabe con seguridad cómo se les aplicó el nombre de "cuáqueros", pero se generalizó y no desagrada a los miembros de la Sociedad.

Las enseñanzas de Jorge Fox las aceptaron multitudes que no simpatizaban con el espíritu dogmático e intolerante manifestado en ese tiempo por la Iglesia de Inglaterra. El grado de su influencia se demuestra en que encarcelaron cerca de quince mil cuáqueros, transportaron y vendieron como esclavos a doscientos y muchos murieron como mártires de su fe, ya bien por la violencia de la multitud o en las prisiones. Algunos buscaron refugio en Nueva Inglaterra, pero al llevar su testimonio encontraron a los puritanos no menos perseguidores que los anglicanos. Al menos ejecutaron cuatro cuáqueros (entre estos una mujer) en Boston.

Los Amigos encontraron un puerto seguro en Rhode Island, donde todas las formas de fe y adoración eran libres. Formaron colonias en Nueva Jersey, Maryland y Virginia. En 1681, el rey Carlos II le entregó el territorio de Pennsylvania a Guillermo Penn, líder entre los Amigos, y Filadelfia, "la ciudad cuáquera", se fundó en 1682. Durante setenta años los gobernantes de esa colonia fueron descendientes de Guillermo Penn. A mediados del siglo dieciocho, Benjamín Franklin dijo que la colonia era "una tercera parte cuáquera, una tercera parte alemana y una tercera parte mezcla".

La persecución activa cesó en Inglaterra y en Estados Unidos después de la Revolución en 1688, y los cuáqueros dieron su testimonio y formaron sociedades en muchas de las colonias. Aunque su organización era sencilla, su disciplina era estricta. En todas las colonias existía la esclavitud, pero entre los Amigos estaba prohibida, y estos testificaban con rudeza en contra de la misma. Incluso, también lo hacían en las plantaciones del sur. Estaban muy interesados en el trabajo por la cristianización y civilización de los indios americanos, en visitar y ayudar a los presos en las miserables cárceles de aquellos tiempos y en otras actividades filantrópicas. Diversas formas de servicio social que ahora son prominentes, las iniciaron y sostuvieron los cuáqueros mucho antes que otros las consideraran como obra legítima de la iglesia.

La estricta disciplina (sobre todo la excomunión de miembros que se casaban fuera de la sociedad; el firme testimonio en contra de la esclavitud y otros males; y la negación a tomar las armas en la guerra, que siempre ha sido uno de sus principios) causó un descenso en el número de cuáqueros durante el siglo dieciocho. Sin embargo, un golpe mayor fue una disensión sobre las doctrinas predicadas por Elías Hicks, que reclamaba ser unitario, no reconociendo a Cristo como Dios; y en 1827 hubo una separación entre los Ortodoxos y los Amigos Hicksitas, aunque el nombre "Hicksita" nunca lo sancionó esa rama. De estos cuerpos los "Amigos Ortodoxos", como se llaman, tienen la mayoría de los miembros. Sus doctrinas están de acuerdo con las iglesias conocidas como evangélicas, con especial énfasis en la enseñanza personal e inmediata del Espíritu Santo al individuo, a menudo conocido como "la Luz Interior".

Su organización actual es completamente democrática. Cada persona de padres cuáqueros es un miembro, junto con los que se admiten por su petición. A todos se les concede el derecho de tomar parte en los negocios de la asamblea en cualquier reunión de la que son miembros.

La sociedad está organizada en una serie de juntas mensuales para los negocios ejecutivos sujetos a revisión por las juntas trimestrales y anuales; las últimas corresponden a las conferencias o sínodos en las iglesias. En Estados Unidos y Canadá hay catorce juntas anuales que abarcan casi todas las partes del país, pero las más pujantes están en la región central del oeste. Los "Hicksitas" tienen siete reuniones anuales, abarcando los estados del norte y extendiéndose hacia el oeste hasta Illinois. Otras sociedades menores se conocen como "Wilburitas" y la "Rama Primitiva". Prácticamente todas las congregaciones ortodoxas en América, aparte de las que pertenecen a la Junta Anual de Filadelfia, tienen un ministro con salario y una orden de servicio regular parecido a la de los metodistas, bautistas o presbiterianos, aunque menos formalistas.

Iglesias cristianas en Estados Unidos

Segunda parte

Luteranos, Presbiterianos, Metodistas, Hermanos Unidos, Discípulos de Cristo, Unitarios, Ciencia Cristiana.

Después de la Reforma bajo Martín Lutero, las iglesias nacionales que se organizaron en Alemania y los países escandinavos tomaron el nombre de luteranos. Algunos creen que a principios de la historia de la colonia holandesa de Nueva Amsterdam, después Nueva York, alrededor de 1623, los luteranos holandeses vinieron a esa ciudad y celebraron reuniones. En 1652 solicitaron permiso para tener una iglesia y un pastor; pero las autoridades reformadas de Holanda se opusieron y provocaron que en 1657 el primer ministro luterano lo enviaran de nuevo a Holanda. Los servicios continuaron de una manera quieta, pero no fue hasta la conquista inglesa de Nueva Amsterdam, en 1664, que se les dio a los luteranos libertad de culto.

En 1638 algunos luteranos suecos se establecieron cerca del río Delaware y erigieron la primera iglesia luterana en Estados Unidos, cerca de Lewes. Sin embargo, la inmigración sueca cesó hasta el siguiente siglo. En 1710 una colonia de luteranos desterrados del palatinado en Alemania llevaron su iglesia de nuevo a Nueva York y

Pensilvania. En el siglo dieciocho los protestantes germanos y suecos emigraron a la América por miles y el primer sínodo luterano se organizó en Filadelfia en 1748. Desde entonces, las iglesias luteranas crecieron mediante la inmigración y el aumento natural, hasta que hoy cuentan con más de ocho millones trescientos mil miembros.

Debido a que venían de diferentes países y hablaban diferentes lenguas se organizaron en al menos quince cuerpos independientes. Algunos usan ahora el inglés, otros retienen aún el idioma de su país. En doctrina todos aceptan la Confesión de Augsburgo, la doctrina de Lutero de la justificación por la fe y la creencia de que las ordenanzas del bautismo y la Cena del Señor no son simples recordatorios, sino medios de gracia divina. Están organizados en sínodos, uniéndose para formar un sínodo general, pero reservando mucha autoridad para las iglesias locales.

Las iglesias presbiterianas en América del Norte surgieron de dos fuentes. La primera fue la Iglesia Presbiteriana de Escocia, reformada por Juan Knox en 1560 y reconocida como la iglesia oficial en ese país. De Escocia se esparció hasta el noroeste de Irlanda, donde la población era y aún es protestante. La otra fuente fue el movimiento puritano de Inglaterra durante el reinado de Santiago I; elevándose a dominar en el Parlamento en el primitivo período de la República. Después de la ascensión de Carlos II, la Iglesia de Inglaterra volvió a ganar su influencia y expulsaron de sus parroquias a más de dos mil pastores puritanos, principalmente presbiterianos en sus ideas. Estos tres elementos, escocés, irlandés e inglés, ayudaron a formar y a levantar la Iglesia Presbiteriana en América. En Nueva Inglaterra los inmigrantes presbiterianos en su mayoría se unieron a las iglesias congregacionales, pero en las otras colonias organizaron iglesias de su propia orden. Una de las primeras iglesias presbiterianas en América se constituyó en Snow Hill, Maryland, en 1648, por el Rvdo. Francisco Makemie, de Irlanda. En 1705, Makemie y otros seis ministros se reunieron en Filadelfia y unieron sus iglesias en un presbiterio. En 1716, las iglesias y ministros, habiendo aumentado en número y habiéndose extendido en su territorio, se organizaron como un sínodo, dividido en cuatro presbiterios que incluían diecisiete iglesias.

A principios de la Guerra Revolucionaria en 1775, el sínodo incluía diecisiete presbiterios y ciento setenta ministros. Los presbiterianos sostuvieron con fuerza los derechos de las colonias en contra de

Jorge III y uno de sus principales ministros, Juan Witherspoon, fue el único clérigo que firmó la Declaración de Independencia. Después de la guerra, el desarrollo de la iglesia fue tal, que se formó una Asamblea General en Filadelfia, abarcando cuatro sínodos.

De acuerdo con los principios presbiterianos, así como por la naturaleza escocesa-irlandesa, tendían a pensar con firmeza e independencia sobre asuntos doctrinales, surgieron divisiones en los sínodos y presbiterios. Una de estas provocó que en 1810 se organizara la Iglesia Presbiteriana Cumberland, en Tennessee; de dicho estado se esparció a otros estados vecinos y aun tan lejos como Tejas y Missouri. Los esfuerzos de reunificar esta rama con la denominación principal, en 1906, tuvieron éxito en gran parte. En 1837, se hizo una división sobre cuestiones de doctrina entre dos elementos, conocidos respectivamente como la Antigua y la Nueva Escuela Presbiteriana, y cada una tenía presbiterios, sínodos y una Asamblea General, afirmando representar la Iglesia Presbiteriana. Después de cuarenta años de separación, cuando las diferencias de ideas se olvidaron, las escuelas se unieron en 1869. En 1861, a principios de la guerra, las iglesias presbiterianas del sur formaron su propia iglesia, la Iglesia Presbiteriana en Estados Unidos, mientras que la iglesia en el norte se nombró Iglesia Presbiteriana de Estados Unidos de América.

Hay varias ramas importantes de presbiterianismo en Estados Unidos, con más de cuatro millones y medio de miembros. Todos se adhieren sustancialmente a las doctrinas calvinistas, tal como se exponen en la Confesión de Fe de Westminster y el Catecismo Mayor y Menor. La iglesia local la gobierna una junta llamada sesión, compuesta por el pastor y los ancianos. Las iglesias están unidas en presbiterios y estos en un sínodo, que por lo general, pero no invariablemente, siguen los lineamientos establecidos. Sobre todo está una asamblea general que se reúne cada año; aunque los cambios importantes en gobierno o doctrina requieren una ratificación por una mayoría constitucional de los presbiterios y la aprobación de la asamblea general para que se conviertan en ley.

Las iglesias metodistas en el Nuevo Mundo datan de 1766, cuando dos predicadores wesleyanos locales, ambos nativos de Irlanda, vinieron a América y empezaron a celebrar reuniones metodistas. Es algo incierto si Felipe Embury celebró el primer culto en su propia casa en Nueva York o Roberto Strawbridge en Frederick County, Maryland.

Estos dos hombres formaron sociedades y, en 1768, Felipe Embury edificó una capilla en la calle John, en la que aún se levanta una Iglesia Metodista Episcopal. El número de metodistas en Estados Unidos creció y en 1769 Juan Wesley envió dos misioneros, Ricardo Broadman y Tomás Pilmoor para inspeccionar y extender la obra. Más tarde, Inglaterra envió otros predicadores, siete en total, de los cuales el más importante fue Francisco Asbury, quien vino en 1771. La primera Conferencia Metodista en las colonias se celebró en 1773 y la presidió Tomás Rankin. Sin embargo, con el estallido de la guerra de independencia, todos salieron del país, excepto Asbury, quien estuvo en retiro la mayor parte del tiempo, hasta que vino la paz en 1783. Cuando Gran Bretaña reconoció a Estados Unidos, los metodistas ascendían a unos quince mil. Como estaban nominalmente relacionados con la Iglesia de Inglaterra, Wesley se esforzó por convencer al obispo de Londres a que consagrase un obispo para Estados Unidos; viendo que sus esfuerzos eran en vano, apartó al Rvdo. Tomás Coke, un clérigo de la Iglesia de Inglaterra, como "Superintendente" de sus sociedades en Norteamérica, usando el ritual para la consagración de un obispo, pero cambiando el título. Dio instrucciones al Dr. Coke para que consagrara a Francisco Asbury al mismo puesto como su ayudante a cargo de las sociedades wesleyanas en América del Norte. En la Navidad de 1784 se celebró una conferencia de ministros metodistas en Baltimore y se organizó la Iglesia Metodista Episcopal. Asbury rehusó recibir el cargo de superintendente hasta que al nombramiento de Wesley se agregó el voto de sus compañeros predicadores. Casi de inmediato el Dr. Coke regresó a Inglaterra; por consentimiento común el título de "Obispo" pronto ocupó el lugar de la palabra "superintendente" y hasta 1800 Asbury fue el único que tenía ese cargo. Por sus incansables labores, sus sabios planes y buena dirección, las iglesias metodistas de Norteamérica le deben a él más que a ningún otro hombre.

La Iglesia Metodista Episcopal es la denominación principal en este país, pero debido a las diferencias de raza, idioma, rivalidades políticas, sobre todo, en 1844, la revuelta sobre la cuestión de la esclavitud, ocurrieron muchas divisiones. En abril de 1939, se produjo la reunificación de los metodistas episcopales formando la Iglesia Metodista; con una membresía de aproximadamente once millones en

Estados Unidos de la Iglesia Metodista Episcopal del Sur y la Iglesia Metodista Protestante.

Estas iglesias metodistas tienen la misma teología, son firmemente arminianas, o del libre albedrío, en oposición a la doctrina calvinista de la predestinación y enfatizando en la conciencia personal de salvación del creyente. También son iguales en su forma de organización; las iglesias locales se agrupan en distritos bajo el cargo de un anciano presidente, aunque en 1908 la Iglesia Metodista Episcopal cambió el título a superintendente de distrito; los distritos están unidos en conferencias anuales y sobre todos están los obispos, que son cargos vitalicios aunque sujetos a retiro (en la Iglesia Metodista) por la Conferencia General, el cuerpo eclesiástico supremo que se reúne cada cuatro años. Anualmente, cada pastor lo nombra el obispo encargado de su conferencia. En algunas ramas de la iglesia puede nombrarse cuantas veces deseen; en otras el pastorado se limita a cuatro años.

La Iglesia de los Hermanos en Cristo, ahora llamada la Iglesia Evangélica de los Hermanos Unidos, fue la primera iglesia en Estados Unidos que no se transplantó del Viejo Mundo. Surgió en Pensilvania y Maryland bajo la fervorosa predicación de avivamiento de dos hombres, Felipe Guillermo Otterbein, nacido en Dillenburg, Alemania, originalmente un ministro de la Iglesia Reformada Alemana, y Martín Boehm, un menonita. Ambos predicaban en alemán y formaron iglesias de habla alemana bajo la supervisión de ministros "no sectarios", como se les llamaba entonces. En 1767, estos dos líderes se conocieron por primera vez en una "gran reunión" en un granero, cerca de Lancaster, Pensilvania, cuando el Sr. Boehm predicó con un notable poder espiritual. Al final del sermón, el corpulento Sr. Otterbein abrazó al predicador y exclamó: "Somos hermanos." De ese saludo surgió el nombre oficial de la iglesia y las palabras "en Cristo" se añadió en la constitución formal de la iglesia en el Condado de Frederick, Maryland, en 1800. En ese tiempo se eligieron a Otterbein y Boehm como obispos y se adoptó un gobierno modelado por la democracia estadounidense. Aunque se escogen obispos, la iglesia siempre tuvo una sola orden de predicadores y ningún episcopado. Todo el poder lo tienen los laicos; todos los oficiales, incluyendo los obispos, se eligen para un período de cuatro años por un número equivalente de ministros y laicos. Los superintendentes de conferencia ocupan sus cargos por elección, no por designación. Aunque su forma de gobierno difiere a la de la Iglesia Metodista, con excepción de que tienen conferencias trimestrales, anuales y generales, predican la misma teología arminiana.

Al principio, los cultos eran exclusivamente en alemán, pero ahora casi por completo en inglés. La oficina central de la iglesia y la imprenta están en Dayton, Ohio. Su principal institución de benevolencia, "Hogar Otterbein", la mayor en los Estados Unidos, está situada cerca de Lebanon, Ohio. Los miembros son conservadores en su atuendo, promesas o testimonios y resistentes a la fuerza.

Después de varios años de discusión, hubo una división en 1889. Una mayoría favorecía una revisión de la constitución de la iglesia para eliminar la exclusión como miembros a los que pertenecieron a órdenes secretas. Los "radicales" formaron una iglesia nueva; los "liberales" retuvieron todas las propiedades de la iglesia excepto en Michigan y Oregón.

En Johnstown, Pensilvania, el 16 de noviembre de 1946, hubo una unión entre la Iglesia Evangélica y la Iglesia de los Hermanos Unidos en Cristo. La membresía de ambas asciende a más de setecientos mil.

La iglesia que tiene dos nombres, ambos oficiales, "Discípulos de Cristo" y también "Iglesia Cristiana", diferente a las otras denominaciones ya mencionadas en este capítulo, fue sin duda estadounidense desde su origen. Su historia comenzó en 1804 después de un gran despertamiento religioso en Tennessee y Kentucky, cuando el Rvdo. Barton W. Stone, ministro presbiteriano, se retiró de esa denominación y organizó una iglesia en Cane Ridge, Condado de Bourbon, de la cual la Biblia, sin ningunas declaraciones doctrinales, sería la única regla de fe y el único nombre sería Cristiana. Pocos años después el Rvdo. Alejandro Campbell, ministro presbiteriano de Irlanda, adoptó el principio de bautismo por inmersión y formó una iglesia bautista, pero pronto se separó definitivamente y llamó a sus seguidores "Discípulos de Cristo". Tanto Stone como Campbell establecieron muchas iglesias y en 1827 sus congregaciones se unieron formando una iglesia en la que ambos nombres, "Discípulos" y "Cristianos", se reconocieron. La campaña de estos dos hombres fue para unir a todos los seguidores de Cristo en un solo cuerpo, sin otro credo que la fe en Cristo y sin otro nombre que "Discípulos" o "Cristianos".

Aceptan el Antiguo y el Nuevo Testamento, pero solo el último como la norma para los cristianos, sin ninguna declaración doctrinal específica. Practican únicamente el bautismo por inmersión de los creyentes, no incluyen a los bebés, con el concepto de que en el acto del bautismo "viene una seguridad divina de la remisión de pecados y aceptación por Dios". Son congregacionales en su sistema. Cada iglesia es independiente del dominio exterior, pero unidas con la denominación para la obra misionera nacional y extranjera. Sus oficiales son ancianos escogidos por las iglesias, pastores, diáconos y evangelistas, aunque no reconocen ninguna diferencia entre ministros y laicos. A través de su historia los Discípulos de Cristo han sido celosos y emprendedores en la evangelización. Tiene alrededor de dos millones de miembros.

Otra denominación similar, también llamada "Cristianos" o "Iglesia Cristiana", se unió con los congregacionalistas en 1931.

Las iglesias unitarias en Inglaterra y América son los representantes modernos de los antiguos arrianos de los siglos cuarto y quinto. Enfatizan la naturaleza humana de Jesucristo. Niegan la deidad o divinidad de Jesucristo y no consideran al Espíritu Santo como una persona, sino como una influencia. Afirman el ser y la unidad de Dios, pero no la Trinidad o "tres personas en un Dios". Por lo general, se oponen a la doctrina calvinista de la predestinación, creyendo como los metodistas en el libre albedrío. Consideran que la Biblia no es una autoridad en fe y conducta, sino una valiosa colección literaria. En Estados Unidos, no aparecieron al principio como una secta, sino como una escuela de pensamiento en las iglesias de Nueva Inglaterra. En 1785, la Capilla del Rey en Boston, entonces Protestante Episcopal, adoptó un credo y una liturgia omitiendo todo reconocimiento de la Trinidad y escogió un ministro de opiniones unitarias, la primera iglesia en Nueva Inglaterra de esa fe. En 1805 a un unitario, Enrique Ware, lo nombraron profesor de Teología en la Universidad de Harvard; y en 1819 se estableció en la misma universidad una Escuela de Teología, la cual desde ese tiempo ha estado bajo el dominio unitario. El nombre "unitario" se aplicó por primera vez al movimiento en 1815; y muy pronto muchas de las antiguas iglesias congregacionales en Nueva Inglaterra se convirtieron en unitarias; incluyendo la que fundaron los Peregrinos en Plymouth. En la controversia que surgió, más de ciento veinte iglesias congregacionales acogieron las ideas unitarias, sin cambiar de nombre. La denominación unitaria abarcó a muchos prominentes hombres de pensamiento en Estados Unidos, sobre todo en Nueva Inglaterra. Casi todos los poetas de Cambridge y Boston (Lowell, Longfellow, Holmes y Bryant entre ellos) eran unitarios. Sin embargo, los unitarios no han ganado miembros en proporción a la rama trinitaria u ortodoxa del congregacionalismo. Sus membresía tuvo un ligero incremento en la década del sesenta y ahora cuentan con ciento sesenta siete mil personas. En su forma de gobierno son congregacionales, cada iglesia local tiene su propio gobierno. No tienen un credo ni confesión de fe y, como resultado, sus ministros tienen la más amplia libertad y variedad de opiniones; algunos apenas se pueden distinguir de los "ortodoxos" y otros se van al extremo siendo librepensadores. Aunque sus doctrinas son dudosas, los unitarios siempre han sido activos en reformas y en todo esfuerzo de servicio social.

La Iglesia de la Ciencia Cristiana o de Cristo Científica la componen quienes aceptan como autoridad las enseñanzas de la Sra. María Baker Glover Eddy. Ella empezó a anunciar sus principios en 1867, estableció una asociación de los de la Ciencia Cristiana en 1876 y organizó a sus seguidores como iglesia en Boston en 1879, con ella misma como pastor. Sus miembros eran pocos en número, pero aumentaron a miles, adorando en un magnífico edificio que se conoce como "iglesia madre", ejerciendo cierto dominio sobre todas las iglesias y sociedades de la denominación. La Sra. Eddy murió en 1910 y no dejó sucesor, pero sus enseñanzas están incorporadas en un volumen llamado "Ciencia y Salud". Las diferentes iglesias de la Ciencia Cristiana no tienen pastores, sino que en vez de esto en cada iglesia un "Primer Lector", que se cambia de vez en cuando, se ocupa de los servicios. Sus doctrinas las divulgan conferenciantes nombrados por la iglesia madre. Prácticamente es un sistema de sanar la enfermedad de la mente y del cuerpo, que enseña que toda causa y efecto es mental y que el pecado, la enfermedad y la muerte se destruirán mediante un entendimiento cabal del Principio Divino de Jesús en enseñar y sanar. La cifra de miembros no está al alcance. El manual de la iglesia prohíbe "contar la gente e informar tales estadísticas para la publicación".

Las iglesias en Canadá

*Católica Romana. La Iglesia de Inglaterra.
Metodista y Presbiteriana. Iglesia Unida y
otras denominaciones.*

Durante el siglo diecisiete, los misioneros pertenecientes a la Sociedad de Jesús convertían al catolicismo a los indios de la tribu Hurón, en la provincia de Ontario, Canadá. Mientras tanto, otros sacerdotes, con sus éxitos y fracasos en cuanto a la obra religiosa y a las negociaciones de carácter secular, diseminaban el poder de la iglesia de Roma en la India y las Molucas, en la China y el Japón, en el Brasil y el Paraguay. Ya en 1626, Juan de Brebeuf fundó una misión en las costas cubiertas de bosques de la bahía de Georgia. Estos precursores de la religión predicaban por doquier en una región de bosques y selvas; sufrían y luchaban con las fuerzas de la naturaleza y de la barbarie nativa o morían por la fe que habían en ellos.

Con breviario y crucifijo caminaban lejos. Desde las costas de Nueva Escocia bañadas por las olas, hasta las praderas del desconocido oeste; desde la región de la bahía de Hudson hasta la desembocadura del Mississippi, las figuras vestidas de negro pasaban en sucesión. Perseveraban en su misión "para la gloria de Dios" y por el progreso de la Orden y la Nueva Francia, hasta que, como Bancroft, el historiador, lo expone: "No se rodeaba un cabo ni se entraba a un río sin que un jesuita iniciase el camino."

Así como en la parte de Norteamérica, que hoy es Estados Unidos, también en Canadá los catolicorromanos fueron los primeros en establecer iglesias. Los colonos franceses llevaron consigo la antigua religión así como el antiguo idioma y todavía hoy día se adhieren a ambos. En Quebec, especialmente, la iglesia católica guió, modificó y dominó las instituciones de la provincia, los hábitos y las costumbres de la raza francesa, la moral, la política y la lealtad del pueblo. El censo religioso en la década del sesenta indicó que en una población total de diecinueve millones había más de ocho millones de católicos, con cuatro millones seiscientos treinta y cinco mil en Quebec solamente y más de un millón ochocientos setenta y tres mil en Ontario.

Al principio, la Iglesia de Inglaterra, también llamada la Iglesia Anglicana, constituía una fuerza dominante en todas las provincias inglesas. Constituía una influencia por la lealtad a la Corona, por la educación en el amor a las instituciones inglesas y por la observancia de la ley mediante una clase leal al gobierno, por la devoción a la política de los primeros gobernantes británicos. Ocupaba un lugar elevado en el gobierno de todas las provincias; asumía una posición enérgica en cuestiones de educación y hacía mucho, en cooperación con otras denominaciones, para establecer las actividades religiosas del Occidente. La Iglesia Anglicana en el Canadá tiene más de dos millones cuatrocientos mil miembros, con un millón ciento diecisiete mil novecientos en Ontario y trescientos sesenta y siete mil en Columbia Británica.

En las diferentes divisiones de la Iglesia Cristiana en Canadá, las controversias del Viejo Mundo se reproducían con más o menos fidelidad. La Iglesia de Inglaterra disputaba sobre formas y ceremonias que practicaban la Alta y la Baja Iglesia tal como lo hacía en Inglaterra. El metodismo se dividió en la Iglesia Metodista Primitiva, la Iglesia Cristiana Bíblica y la Iglesia Metodista Wesleyana, mientras que su afiliación estadounidense y posición canadiense trajo como resultado el surgimiento de la nueva Iglesia Metodista Episcopal y la Nueva Conexión Metodista. El presbiterianismo tenía su Iglesia de Escocia en el Canadá, su Sínodo de Iglesia Libre, su Iglesia Presbiteriana de las Provincias Bajas, su Iglesia Presbiteriana Unida, su Iglesia Presbiteriana del Canadá. No obstante, si las denominaciones participaban de las sombrías diferencias de pensamiento y credo venidas del Viejo Mundo, también participaban inmensa y benéficamente de las recompensas de carácter financiero de las iglesias británicas y de las grandes sociedades misioneras; mientras que la Iglesia de Inglaterra en Canadá recibía grandes sumas del Parlamento británico. Las diferentes iglesias metodistas recibían grandes ayudas por fondos de Londres y sus primeros misioneros se sostuvieron casi por completo de esa fuente. Lo mismo sucedía con las denominaciones presbiterianas y la bien conocida Sociedad Colonial de Glasgow y su obra práctica entre 1825 y 1840.

En 1925, los metodistas, los congregacionalistas y parte de los presbiterianos se unieron para formar la Iglesia Unida del Canadá, contando en la década del setenta con cerca de tres millones setecientos mil miembros, de ellos más de un millón y medio están en la provincia de Ontario solamente. Muchas iglesias presbiterianas se negaron a la unión y la Iglesia Presbiteriana en el Canadá siguió adelante. En esta misma época contaba con más de ochocientos mil miembros.

Los bautistas, luteranos y otras iglesias protestantes siempre ejercieron una gran influencia en los asuntos públicos. La cuestión pública en la cual la fuerte denominación bautista de las Provincias Marítimas estaba interesada era en la educación secular. La población bautista tenía unos seiscientos mil miembros, con más de doscientos cincuenta mil en Ontario y alrededor de doscientos mil en las provincias de Nueva Brunswick y Nueva Escocia. Los luteranos contaban con alrededor de seiscientos sesenta y tres mil miembros, la mayoría de ellos en Ontario y Saskatchewan.

La interesante pero problemática secta conocida como los doukhobors, que vinieron de Rusia a principios del siglo veinte, está en su mayoría establecida en Saskatchewan y Colombia Británica, con unos cuantos en Alberta y Manitoba. Son pocos en número, pacíficos, no progresistas, no se preocupan mucho por la educación y se niegan a ir a la guerra.

En Canadá también había en la década del setenta más de ciento cincuenta y dos mil menonitas.

APÉNDICE

Capítulo 1

1. ¿En cuántos períodos se divide la historia de la iglesia?
2. ¿Qué nombre se le da a cada período?
3. ¿Con qué hecho y en qué año empieza y termina el primer período?
4. ¿En qué aspectos se muestra el cristianismo en el primer período?
5. Nombre los hechos y dé la fecha del principio y fin del segundo período.
6. ¿Qué grandes sucesos se presentan en el segundo período?
7. ¿Qué acontecimientos y fechas están comprendidos en el tercer período?
8. Mencione algunos de los hechos más importantes del tercer período.
9. ¿Qué grandes hechos se pueden notar en el cuarto período?
10. Nombre los sucesos y fechas que limitan el quinto período.
11. ¿Qué grandes hechos hay que notar en el quinto período?
12. ¿Entre qué acontecimientos y fechas está el sexto período?
13. Nombre algunos grandes movimientos que aparecieron en el sexto período.

Capítulo 2

1. ¿Qué hechos y fechas fijan el primer período general?
2. ¿Qué nombre se le dio a la iglesia durante la primera parte de este período?
3. Defina a la iglesia cristiana.
4. ¿Cuándo empezó la iglesia su historia?

5. ¿Hasta cuándo se les prohibió a los discípulos predicar a Cristo como Rey-Mesías?
6. ¿Qué don descendió sobre los seguidores de Cristo y cuándo vino?
7. ¿Qué efectos produjo este don?
8. ¿Dónde radicaba la iglesia durante sus primeros años?
9. ¿De qué raza y pueblo eran todos sus miembros?
10. Mencione tres clases de gente entre los miembros de la iglesia.
11. ¿Quiénes fueron los líderes de la iglesia primitiva?
12. ¿Cómo se gobernaba la iglesia?
13. ¿Cuáles eran sus tres doctrinas principales?
14. ¿Quiénes eran sus predicadores?
15. ¿Qué milagros se narran?
16. ¿Cuáles fueron los efectos de estos milagros?
17. ¿Cómo se manifestaba el espíritu de fraternidad?
18. ¿Qué se dice del comunismo en la iglesia primitiva?
19. ¿Cuál era la falta o defecto de la iglesia pentecostal?

Capítulo 3

SUGERENCIAS PARA EL ESTUDIO

Léase con cuidado Hechos 6 al 16, inclusive; y búsquense todas las referencias bíblicas en el capítulo.

Localícese en el mapa cada lugar mencionado. En el mapa de Palestina note los lugares de los viajes de Felipe; de Pedro de Jope a Cesarea; de Saulo de Jerusalén a Damasco y Arabia.

En un mapa que incluya Palestina, Siria y Asia Menor, sígase los viajes de Saulo de Damasco a Jerusalén, a Tarso, a Antioquía. En el mismo mapa trácese la ruta del primer viaje misionero; y el viaje de Pablo y Bernabé de Antioquía al concilio de Jerusalén y el regreso.

PREGUNTAS DE REPASO

1. ¿Por qué esta subdivisión es importante en la historia de la iglesia?
2. ¿Quién empezó el movimiento para llevar el evangelio al mundo gentil?
3. ¿Cuál fue el resultado de la predicación de este hombre para él mismo y para la iglesia?
4. ¿Cómo ayudó Saulo al avance del evangelio cuando aún era enemigo?
5. ¿Quién fue Felipe?
6. ¿Qué parte ocupó Felipe en la extensión del movimiento?
7. ¿Quiénes eran los samaritanos?
8. ¿Qué visión tuvo Pedro?

9. ¿Qué siguió a la visión de Pedro?
10. Relate la conversión de Saulo.
11. Nombre los lugares a los que Saulo viajó después de su conversión.
12. ¿Dónde se estableció una iglesia de judíos y gentiles?
13. ¿Cómo surgió esta iglesia?
14. ¿Cómo se recibieron en Jerusalén las noticias de esta iglesia?
15. ¿A quién enviaron para examinarla?
16. ¿Cómo se sintió este mensajero y qué hizo?
17. ¿Quién se le asoció en el trabajo de esta iglesia?
18. ¿Qué nombre se le dio en esta ciudad a los seguidores de Cristo?
19. ¿A qué misioneros envió primero la iglesia?
20. ¿Qué métodos siguieron?
21. ¿Qué lugares visitaron y en qué orden?
22. ¿Con qué propósito se celebró un concilio en Jerusalén?
23. ¿Quiénes formaron parte del mismo?
24. ¿Cuáles fueron las conclusiones del concilio?

Capítulo 4

SUGERENCIAS PARA EL ESTUDIO

Para el segundo viaje de Pablo léase Hechos 15:36 al 18:22. Para su tercer viaje, léase Hechos 18:23 al 21:35. Para su encarcelamiento y cuarto viaje, léase Hechos 22 al 28. Algunas de las preguntas se contestan en estas lecturas y no en el libro de texto.

PREGUNTAS DE REPASO

1. ¿Cuál es la tercera subdivisión del período de la iglesia apostólica?
2. ¿Con qué fechas y hechos empezó y terminó?
3. ¿Cuál era el campo de la iglesia en este tiempo?
4. ¿Que razas componían la iglesia?
5. ¿Quiénes fueron los tres líderes durante este período?
6. Repase el primer viaje de Pablo.
7. ¿De dónde partió Pablo en su segundo viaje misionero?
8. ¿Quién fue su compañero?
9. ¿Quién se le unió más tarde?
10. ¿Qué lugares en su primer viaje volvió a visitar?
11. ¿Qué lugares nuevos visitó en Asia?
12. ¿Qué lugares nuevos en Europa?
13. ¿Puede narrar sus experiencias en cada uno de estos lugares?
14. ¿Qué cartas se escribieron en este viaje?
15. ¿Dónde terminó su viaje?
16. ¿Cuál fue el resultado de su segundo viaje?

17. ¿Qué lugares visitó Pablo en su tercer viaje?
18. ¿Dónde se detuvo más tiempo?
19. Diga la ruta de regreso de su tercer viaje.
20. ¿Dónde terminó el tercer viaje de Pablo?
21. ¿Qué epístolas se escribieron durante este viaje?
22. ¿En qué situaciones estuvo Pablo por un tiempo después de esto?
23. ¿En qué condición Pablo realizó su cuarto viaje?
24. ¿Qué lugares visitó?
25. ¿Qué ocurrió en Roma?
26. ¿Qué cartas escribió en prisión?
27. ¿Qué puede decirse de los últimos años de Pablo?
28. ¿Qué emperador empezó la primera persecución imperial de los cristianos?
29. ¿Qué provocó esta persecución?
30. ¿Quién sufrió el martirio en este tiempo?
31. ¿Cuál fue la literatura cristiana del período?

Capítulo 5

1. Nombre las cuatro subdivisiones en la historia de la iglesia apostólica.
2. ¿Por qué se llama la última subdivisión la "edad sombría"?
3. ¿Entre qué fechas ocurrió esta subdivisión?
4. ¿Cuál fue el primer hecho importante mencionado?
5. Describa ese acontecimiento.
6. ¿Cuál fue el efecto en la iglesia cristiana?
7. ¿Qué emperador ordenó la segunda persecución imperial de los cristianos?
8. ¿Cuándo sucedió esta persecución?
9. ¿Qué le sucedió a uno de los apóstoles durante esta persecución?
10. ¿Qué libros del Nuevo Testamento fueron los últimos en escribirse?
11. ¿Qué se dice del número y la extensión de la iglesia al final de este período?
12. ¿A qué clases de gente representaba la iglesia?
13. ¿Cuál fue su sistema doctrinal?
14. ¿Qué instituciones tenía la iglesia?
15. ¿Cómo se observaba el bautismo?
16. ¿Cómo se observaba la Cena del Señor?
17. ¿Qué oficiales de la iglesia se mencionan?
18. ¿Cuál fue el plan de culto en las reuniones de la iglesia?
19. ¿Cuál era el estado espiritual de la iglesia al final del siglo primero?

Capítulo 6

1. Nombre el segundo período general de la historia de la iglesia.
2. ¿Con qué hechos y fechas comenzó y terminó?
3. ¿Cuál es el hecho más prominente en la historia de este período?
4. ¿En qué siglos los emperadores romanos persiguieron la iglesia?
5. ¿Qué clase de emperadores romanos fueron los más severos en sus persecuciones?
6. Señale siete causas que motivaron estas persecuciones imperiales.
7. ¿Cuál fue la actitud del paganismo hacia los nuevos objetos de adoración?
8. ¿Cuál fue el espíritu del cristianismo hacia otras formas de adoración?
9. ¿Cómo consideraba el gobierno a la religión judía?
10. ¿Cómo afectó a la religión cristiana, primero y después?
11. ¿Cómo se consideraban las reuniones secretas de los cristianos?
12. ¿Cuál fue el efecto de igualar tendencias de la iglesia cristiana?
13. ¿Cómo promovían algunos intereses comerciales la persecución contra los cristianos?
14. ¿Fue la persecución de los cristianos continua durante esos siglos?
15. ¿Cuál fue la condición de la iglesia la mayor parte del tiempo durante esos siglos?
16. ¿Qué emperadores persiguieron a la iglesia antes del año 100 d.C.?
17. ¿Quiénes fueron conocidos como "los cinco buenos emperadores"?
18. ¿Cómo trataron a los cristianos durante su dominio?
19. ¿Qué líderes cristianos sufrieron el martirio en esa época?
20. ¿Qué emperador especialmente grande y bueno llegó a ser perseguidor de la iglesia?
21. ¿Qué motivos tuvo?
22. ¿Quiénes fueron mártires durante su reinado?
23. ¿A quién se menciona como el tercer emperador perseguidor en ese período?
24. ¿Quién sufrió bajo este emperador?
25. ¿Qué buen edicto promulgó Caracalla y cómo benefició a los cristianos?
26. ¿Quién fue el cuarto emperador perseguidor?
27. ¿Qué alivio siguió a la muerte de este emperador?
28. ¿Cuál fue el quinto emperador perseguidor?
29. ¿Quién pereció en su reinado?
30. Describa al sexto y último emperador perseguidor.
31. ¿Qué obras de este emperador llegaron a ser después indicios del triunfo del cristianismo?

Capítulo 7

1. Señale los dos temas ya considerados en este período.
2. ¿Cuál es el tercer tema?
3. ¿Cuál es la diferencia entre los libros y el canon?
4. ¿Qué libros de nuestro Nuevo Testamento se discutieron por algún tiempo?
5. ¿Qué libros que no están ahora en la Biblia los aceptaron algunas las iglesias?
6. ¿Cómo se aceptaron finalmente los libros del canon?
7. ¿Qué se dice acerca de la organización eclesiástica de la iglesia primitiva?
8. ¿Qué dos órdenes fueron originalmente iguales?
9. ¿Cuándo encontramos completa la organización?
10. ¿Cuál fue la forma de gobierno establecida en la iglesia?
11. Señale cinco causas para el establecimiento de esta forma.
12. ¿Cómo guió el sistema de gobierno del imperio al sistema de la iglesia?
13. ¿Qué enseñanzas se enfatizaban en el período apostólico?
14. ¿Qué cambio hubo más tarde en la iglesia?
15. ¿Cuál fue el primer credo que se declaró?
16. ¿Dónde surgieron las escuelas de teología?
17. Nombre algunos de principales maestros y expositores en cada escuela.

Capítulo 8

1. ¿Qué promovió el nacimiento de sectas y herejías en la iglesia?
2. Nombre cuatro de las sectas principales.
3. Explique las enseñanzas de cada una de esas sectas.
4. ¿Por qué es difícil saber con precisión lo que enseñaban estas sectas?
5. ¿Cuáles fueron los cuatro aspectos en la condición de la iglesia al final de las persecuciones?
6. ¿Qué nos dará un indicio en cuanto a su número?

Capítulo 9

1. ¿Cuál es el título del tercer período general?
2. ¿Con qué hechos y en qué fechas comenzó y terminó?
3. ¿Cuál fue el suceso más prominente de este período?
4. ¿Qué contraste se da entre dos fechas no muy separadas en la historia de la iglesia y del imperio?
5. ¿Qué emperador reconoció el cristianismo?
6. ¿Con quién contendió por el poder imperial?
7. ¿Cuál fue su visión según se informa?

8. ¿Qué edicto promulgó y cuándo?
9. ¿Qué resultó por haber llegado a ser único emperador?
10. ¿Cómo era su carácter?
11. Mencione siete buenos resultados obtenidos después del reconocimiento del cristianismo en el imperio.
12. Diga qué había implicado en cada uno de estos siete resultados.
13. Mencione algunos buenos resultados para el estado por la victoria del cristianismo.
14. ¿Qué forma de ejecución cesó y por qué?
15. ¿Cuál fue el efecto del cristianismo en la vida de los bebés?
16. ¿Cómo se afectó el trato de los esclavos?
17. ¿Qué ocurrió con respecto a los juegos de gladiadores?
18. ¿Qué malos resultados trajo también la victoria del cristianismo?
19. ¿Cuál fue el mal efecto sobre la iglesia?
20. ¿Qué costumbres paganas surgieron en las iglesias?
21. ¿En qué el nivel espiritual de la iglesia recibió influencia?
22. ¿Qué daño provocó la unión de la iglesia con el estado?

Capítulo 10

1. Nombre los cinco temas de este capítulo.
2. ¿Por qué el imperio necesitaba una nueva capital?
3. ¿Dónde se fundó la capital?
4. ¿Por qué fue sabia la elección del lugar?
5. ¿Cómo fueron las relaciones entre el emperador y el líder de la iglesia en la capital?
6. Describa un edificio célebre en esa capital.
7. ¿Por qué se dividió el imperio?
8. ¿Quién empezó la división?
9. ¿Quién la terminó?
10. ¿Dónde se fijó la frontera entre las dos secciones del imperio?
11. ¿Qué idiomas se hablaban en las dos secciones?
12. ¿Cómo trataron al paganismo los sucesores de Constantino?
13. ¿Cuál fue la actitud de Constantino hacia las religiones paganas?
14. ¿Qué edictos se promulgaron después de su tiempo en contra de las religiones antiguas?
15. ¿Cuál fue el efecto de esas leyes?
16. ¿Cuándo surgieron grandes controversias en la iglesia?
17. ¿Sobre qué temas fueron las controversias?
18. ¿Quién fue Arrio?
19. ¿Qué enseñaba?
20. ¿Quién se opuso a Arrio?
21. ¿Cuál era el punto de vista de este oponente de Arrio?
22. ¿Qué concilio consideró la cuestión?

23. ¿Cómo se arregló la cuestión?
24. ¿Cuál fue el resultado más tarde?
25. ¿Cuál fue la herejía de Apolinario?
26. ¿Qué concilio decidió la cuestión?
27. ¿Sobre qué fue la controversia pelagiana?
28. ¿Quién fue Pelagio?
29. ¿Cuáles eran las ideas en contra de Pelagio?
30. ¿Qué concilio intervino en la decisión de esa cuestión?
31. ¿Cuál fue el origen del monacato?
32. ¿Quién lo fundó?
33. ¿Qué eran los santos del pilar?
34. ¿Cuál fue la tendencia de la vida monástica en Europa?
35. ¿Quién la reguló?

Capítulo 11

1. Señale las seis primeras subdivisiones del período de la iglesia imperial.
2. ¿Cuál es el séptimo tema?
3. ¿Qué causó y ayudó al poder de la iglesia de Roma y sus obispos?
4. ¿Qué autoridad apostólica se invocó para sus reclamaciones?
5. ¿Cómo ayudó el carácter de la iglesia y sus obispos en este progreso de poder?
6. ¿Cuál fue el efecto del traslado de la capital?
7. ¿Cuál era la condición aparente del imperio bajo Constantino?
8. ¿Cuál era su verdadera situación?
9. Mencione cuatro causas de las invasiones de los bárbaros.
10. Señale las siete conquistas de los bárbaros, de dónde vino cada una y la parte del imperio afectada.
11. ¿Cuándo y quién terminó el Imperio Romano Occidental?
12. ¿Cómo afectaron estas invasiones a la iglesia y sus relaciones?
13. Nombre cinco de los grandes líderes de la iglesia durante este período.
14. Describa la vida y la influencia de cada líder.

Capítulo 12

1. ¿Cuál es el hecho más prominente en la historia de la iglesia durante la Edad Media?
2. ¿En qué se diferenciaban las reclamaciones del papa en los primeros siglos y durante la Edad Media?
3. ¿Cuáles fueron las tres etapas de este desarrollo?
4. ¿Entre qué años fue la primera etapa del poder papal?
5. ¿Con qué papas reinantes ocurrió?
6. ¿Cuál fue el papa llamado "el Grande"?

7. ¿Cuáles fueron algunas de las cosas que llevó a cabo?
8. Diga cuatro motivos o causas para el desarrollo del poder papal.
9. ¿Cuáles fueron algunos de los fraudes denominados "píos" perpetrados durante esos siglos?
10. Defina y explique cada uno de esos fraudes.
11. ¿Qué pruebas demostraron más tarde su falsedad?
12. ¿Bajo qué papa se logró la culminación de las demandas papales?
13. Declárense algunos de los hechos de ese papa.
14. ¿Sobre qué gobernantes y en qué hechos salió victorioso?
15. ¿Qué significa decir "ir a Canosa"?
16. ¿Qué otro papa ejerció autoridad suprema y en qué época?
17. ¿Cuáles fueron algunas de sus exigencias?
18. ¿Sobre qué gobernantes ejerció poder?
19. ¿Qué condujo a la decadencia del poder papal?
20. ¿Qué papa demostró por sus experiencias el cambio de asuntos?
21. ¿Qué significa la Cautividad Babilónica y cuándo ocurrió?
22. ¿Cómo terminó este período de cautividad?

Capítulo 13
1. ¿Qué gran religión surgió en la Edad Media?
2. ¿Cuál es hoy el número de sus seguidores?
3. ¿Quién la fundó?
4. ¿Qué puede decirse de su vida?
5. ¿Qué significa "la hégira"?
6. Nombre las seis grandes doctrinas de la fe musulmana.
7. Describa sus primeros éxitos.
8. ¿Qué alternativas daban los conquistadores a las naciones?
9. Nombre los países orientales invadidos por los musulmanes.
10. ¿Qué países occidentales conquistaron?
11. ¿En qué lugar y tiempo y cuál jefe impidió su progreso?
12. ¿Cuáles fueron los elementos de poder que dieron éxito a la religión musulmana?
13. ¿Cuál era la condición del mundo oriental?
14. Señale algunos buenos elementos de la religión musulmana.
15. ¿Cuál es su actitud hacia las bebidas embriagantes?
16. ¿En qué falló la religión musulmana?

Capítulo 14
1. ¿Qué sistema de gobierno surgió en la Edad Media?
2. ¿Cuál era la condición de Europa antes de que apareciese?
3. ¿Cuánto duró?
4. ¿Quién lo fundó?
5. ¿Cuándo vivió?
6. ¿Qué se dice de sus antecesores y de su carrera?

7. ¿Cómo se convirtió en emperador?
8. ¿Cuál fue su carácter como gobernante?
9. ¿Qué causó una limitación en la autoridad imperial?
10. Nombre seis de los emperadores más importantes.
11. Diga algo acerca de cada uno de estos emperadores.
12. ¿Cómo eran las relaciones entre los emperadores y los papas?
13. ¿Qué condujo al debilitamiento del poder imperial?
14. ¿Qué dijo del imperio un francés ingenioso?
15. ¿Cuándo llegó a su fin el imperio?
16. ¿Quién fue el último de estos emperadores?
17. ¿Cómo se dividió las dos grandes ramas de la iglesia?
18. ¿Cuál fue la causa doctrinal para la separación?
19. ¿Cuáles son las cuatro costumbres diferentes entre el Oriente y el Occidente?
20. ¿Cómo condujo a la separación la exigencia de una iglesia?

Capítulo 15

1. ¿Qué grandes series de guerras religiosas ocurrieron durante la Edad Media?
2. ¿Cuál fue la causa de estas guerras?
3. ¿Cuántas cruzadas se mencionan?
4. Diga la historia, mencione los jefes y dé los resultados de la primera cruzada.
5. Dé la fecha, los jefes y los resultados de la segunda cruzada.
6. ¿Quiénes sobresalieron en la tercera cruzada y cuál fue su resultado?
7. Describa la cuarta cruzada.
8. La quinta cruzada.
9. La sexta cruzada.
10. La séptima cruzada.
11. La octava cruzada.
12. ¿Por qué fracasaron las cruzadas?
13. ¿Qué buenos resultados se obtuvieron de ellas?

Capítulo 16

1. Señale los cinco temas ya considerados en el período de la iglesia medieval.
2. Mencione los cinco temas contenidos en este capítulo.
3. ¿Cómo se originó el monacato?
4. ¿Cuál fue la diferencia principal entre el monacato oriental y el occidental?
5. Nombre las cuatro órdenes principales de monjes en Europa.
6. Describa la primera orden mencionada.

7. ¿Cómo se originó la segunda orden?
8. ¿La tercera orden?
9. ¿La cuarta orden?
10. ¿Cuáles fueron algunos de los beneficios del sistema monástico?
11. ¿Cuáles fueron algunos de sus perjuicios?
12. ¿Cuáles fueron algunos de los avances durante la Edad Media en el arte y la literatura.

Capítulo 17

1. ¿Cuáles fueron los cinco intentos de reforma de la iglesia durante la última parte de la Edad Media?
2. Describa cada uno de esos esfuerzos.
3. ¿Qué gran hecho se considera como la conclusión del período medieval?
4. Narre ese acontecimiento.
5. Nombre cuatro grandes eruditos y líderes del pensamiento en la Edad Media.
6. Describa cada líder.

Capítulo 18

1. ¿Cuál es el tema de este capítulo?
2. Nombre y describa tres fuerzas rectoras de la Reforma.
3. ¿Cómo promovió el Renacimiento a la Reforma?
4. ¿Cómo le ayudó la invención de la imprenta?
5. ¿Cómo ayudó a la Reforma el creciente espíritu de nacionalismo?
6. ¿En qué país empezó la Reforma?
7. ¿Quién fue su líder?
8. Nombre los seis períodos mencionados en el progreso de la Reforma en Alemania.
9. ¿Qué eran las "indulgencias"?
10. ¿Cómo llegó a ser la venta de indulgencias la ocasión inmediata de la Reforma?
11. ¿Con qué fecha y qué hecho inició la Reforma?
12. ¿Qué era la bula del papa?
13. ¿Cómo lo enfrentó Lutero?
14. ¿Cuándo se celebró la Dieta de Worms?
15. ¿Qué ocurrió en esta reunión?
16. ¿Dónde estuvo Lutero recluido?
17. ¿Qué hizo en este tiempo?
18. ¿Cómo surgió el nombre "protestante"?

Capítulo 19

1. ¿Quién condujo la Reforma en Suiza?
2. Narre su origen.

3. ¿Quién fue su último líder y cuál fue su gran obra?
4. ¿Qué naciones se incluyen en Escandinavia?
5. ¿Cuál es la historia de la Reforma en esos países?
6. Narre la historia de la Reforma en Francia.
7. ¿Por medio de qué hecho se impidió su progreso en Francia?
8. ¿Qué ocurrió en los Países Bajos?
9. ¿Cómo empezó la Reforma en Inglaterra?
10. ¿Quiénes estuvieron entre sus líderes?
11. ¿Qué parte tomaron cuatro soberanos de Inglaterra en sucesión?
12. Describa la Reforma en Escocia.
13. ¿Quién condujo y modeló la Reforma en Escocia?
14. Nombre los cinco principios generales de la religión reformada.
15. Explique cada uno de esos principios.

Capítulo 20
1. ¿Qué significa "la Contrarreforma"?
2. ¿Cómo se intentó reformar la iglesia?
3. Describa el gran concilio.
4. ¿Qué orden se estableció y con qué propósito?
5. ¿Cuál fue la historia de esa orden?
6. ¿Qué persecuciones activas se emprendieron?
7. ¿Qué esfuerzos misioneros hizo la Iglesia Católica Romana?
8. ¿Qué fue la Guerra de Treinta Años?
9. ¿Cuándo empezó y terminó?
10. ¿Qué tratado de paz se hizo finalmente?
11. Mencione siete líderes del período de la Reforma.
12. ¿Quiénes de estos eran protestantes?
13. ¿Quiénes eran catolicorromanos?
14. Describa cada líder.

Capítulo 21
1. ¿Cuál es el título del sexto período en la historia de la Iglesia?
2. Nombre cada uno de los períodos.
3. ¿Con qué hechos y fechas empezó y terminó el período moderno?
4. Nombre los cinco grandes movimientos de este período.
5. Describa el movimiento puritano bajo los sucesivos gobernantes de Inglaterra.
6. ¿Qué tres denominaciones surgieron del mismo?
7. ¿Cuál era la condición del cristianismo en Inglaterra en la primera parte del siglo dieciocho?
8. ¿Cuáles fueron los tres grandes líderes que surgieron?
9. ¿Qué avivamiento ocurrió?
10. Describa ese avivamiento, su líder y sus resultados.

11. ¿Qué quiere decirse con el movimiento racionalista?
12. ¿Dónde y cuándo se originó?
13. Nombre algunos de sus líderes.
14. ¿Quién ayudó a sacar a la iglesia del racionalismo?
15. ¿Cuáles fueron algunos de los resultados del movimiento racionalista?
16. ¿Qué era el movimiento de Oxford?
17. ¿Qué otros nombres se le dieron y por qué?
18. ¿Cómo se originó el movimiento?
19. ¿Quiénes fueron sus líderes?
20. ¿Qué propósitos tenía?
21. ¿Cuáles fueron algunos de sus resultados?

Capítulo 22

1. ¿Por cuánto tiempo fue el cristianismo primitivo una institución misionera?
2. ¿Cuál fue su condición durante gran parte del período medieval?
3. ¿Quiénes fueron los primeros misioneros después de la Reforma?
4. ¿Qué iglesia empezó las misiones protestantes?
5. ¿Quién fundó las misiones inglesas modernas?
6. Narre su vida.
7. ¿Qué fue "la reunión en la parva de heno"?
8. ¿Qué resultó de esto?
9. Nombre cinco líderes de la iglesia moderna.
10. Describa a cada uno de estos líderes.
11. ¿Cuáles fueron las dos características prominentes en la iglesia al principio del siglo veinte?
12. ¿Qué enemigo en Europa Oriental y Asia enfrentó y enfrenta la iglesia?

Capítulo 23

1. ¿Cuál fue la primera iglesia en tierra americana?
2. ¿Por qué razón?
3. ¿De qué dos países vinieron sus miembros?
4. ¿Cuál era la condición religiosa y perspectiva del continente alrededor de 1750?
5. ¿Qué colonia estableció esta iglesia?
6. ¿Cómo la iglesia recibió su incremento?
7. ¿Cómo está organizada?
8. ¿Son muchos sus miembros?
9. ¿Cuál fue la primera iglesia protestante en este continente?
10. Describa sus comienzos.

11. ¿Cuál fue su condición durante la Revolución e inmediatamente después?
12. ¿Quiénes fueron sus primeros obispos?
13. ¿Es grande en la actualidad?
14. ¿Cuál es su forma de organización?
15. ¿Cómo se originaron las iglesias congregacionales?
16. ¿Cuál es su sistema de organización?
17. Describa su desarrollo.
18. ¿Cuáles son sus doctrinas?
19. ¿Cuál es su membresía actual?
20. ¿Dónde surgió la Iglesia Reformada?
21. ¿Cómo se llamaba?
22. ¿En qué colonia se estableció?
23. ¿Cuál ha sido su historia?
24. ¿Qué otra Iglesia Reformada hay?
25. ¿Cuál fue su origen?
26. ¿Cuáles son las doctrinas de estas iglesias?
27. ¿Cómo están organizadas?
28. ¿Cuántas denominaciones de bautistas hay en Estados Unidos?
29. ¿Cuántos son en número?
30. ¿Cuáles son sus principios distintivos?
31. ¿Cómo están organizadas?
32. ¿Cuándo surgieron en Europa y en qué lugar?
33. ¿Quién fue su fundador en las colonias?
34. ¿Qué estado establecieron?
35. ¿Qué parte han tomado en las misiones extranjeras?
36. ¿Quiénes son los Amigos?
37. ¿Con qué otro nombre se conocen?
38. ¿Quién fue su fundador?
39. ¿Cuáles eran sus enseñanzas?
40. ¿Qué trato se les dio a los cuáqueros en las colonias primitivas?
41. ¿Dónde se establecieron?
42. ¿Qué estado fundaron y en qué circunstancias?
43. ¿Qué división tuvo lugar entre ellos?
44. ¿Cuál es su membresía actual?

Capítulo 24
1. ¿Cómo se originaron las iglesias luteranas?
2. ¿Dónde aparecieron por primera vez en Estados Unidos?
3. ¿En qué otros lugares se establecieron?
4. ¿Cómo crecen?
5. ¿Cuál es su membresía?
6. ¿Cómo están organizadas?

7. ¿Cuáles son sus creencias doctrinales?
8. ¿De qué tres países vinieron los presbiterianos a la América?
9. Descríbalos en Escocia y en Inglaterra.
10. ¿Dónde se establecieron por primera vez en América?
11. ¿Quién fue su líder en la organización de la iglesia?
12. ¿Qué parte tomaron en la guerra de independencia?
13. ¿Qué divisiones han surgido entre ellos?
14. ¿Cuántas ramas abarcan?
15. ¿Cuáles son sus doctrinas y organización?
16. ¿Qué dos lugares y líderes se mencionan en los comienzos del metodismo en estados Unidos?
17. ¿Quiénes fueron los primeros misioneros en este país?
18. ¿Quién fue el más prominente de sus primeros líderes?
19. ¿Cuándo y cómo se organizó la iglesia?
20. ¿Cuántas ramas hay en esta iglesia?
21. ¿Es grande?
22. ¿Cuáles son sus doctrinas?
23. ¿Cuál es su forma de organización?
24. ¿Quiénes son los Hermanos?
25. ¿Cómo se originaron?
26. ¿Cuáles son sus doctrinas y forma de gobierno?
27. ¿Cómo se unieron en 1946?
28. ¿Qué iglesia tiene dos nombres oficiales?
29. ¿Cómo surgieron estos nombres diferentes?
30. ¿Quiénes fundaron esta iglesia?
31. ¿Cuáles son sus normas doctrinales?
32. ¿Cómo están organizadas?
33. ¿Cuál ha sido su desarrollo?
34. ¿Qué gente antigua representan los unitarios?
35. ¿Cuáles son las doctrinas unitarias?
36. ¿Cómo surgieron en Estados Unidos?
37. ¿Qué influencia han ejercido?
38. ¿Cuál es su número de miembros?
39. ¿En qué esfuerzos han sido prominentes?
40. ¿Quién fundó la Iglesia de la Ciencia Cristiana?
41. ¿Dónde se originó?
42. ¿Cuáles son sus ideas?
43. ¿Por qué no se puede saber cuántos miembros tienen actualmente?

Capítulo 25

1. ¿Hasta dónde se extendió el poder de Roma en el siglo diecisiete?
2. ¿Quién hizo esto posible?

3. ¿A quién más ganó esta sociedad para el catolicismo?
4. ¿Dónde vivían estos indios?
5. ¿En qué año fundó su misión Jean de Brebeuf?
6. ¿Dónde?
7. ¿Hasta dónde extendieron los jesuitas su misión?
8. ¿Qué denominación estableció primero una iglesia en el Canadá?
9. ¿En qué provincia la Iglesia Católica Romana ejerció la influencia más poderosa?
10. ¿Cuál es la población total catolicorromana del Canadá? ¿De Quebec? ¿De Ontario?
11. ¿Qué otro nombre se le da a la Iglesia de Inglaterra?
12. ¿Cuáles fueron sus características sobresalientes en sus primeros días?
13. ¿Con cuántos miembros cuenta en el Canadá?
14. ¿Cuántos anglicanos hay en Ontario?
15. ¿Cuántos anglicanos hay en la Colombia Británica?
16. ¿Estaba la Iglesia Cristiana en el Canadá libre de las controversias que tenían lugar en el Viejo Mundo?
17. ¿Cuáles eran las ramas de la Iglesia Metodista en el Canadá?
18. Nombre las cinco divisiones de los presbiterianos en el Canadá.
19. ¿Quién sostenía a la Iglesia de Inglaterra en el Canadá? ¿A los misioneros metodistas?
20. ¿Qué sociedad ayudó a los presbiterianos en el Canadá entre 1825 y 1840?
21. Nombre las denominaciones que formaron la Iglesia Unida de Canadá.
22. ¿Cuántos miembros tiene?
23. ¿Qué denominación rehusó unirse?
24. ¿Cuál es la membresía de la Iglesia Bautista del Canadá?
25. ¿Cuántos bautistas hay en Ontario? ¿En las dos provincias de Nueva Brunswick y Nueva Escocia?
26. ¿En qué lugar del Canadá se encuentra el mayor número de luteranos?
27. ¿Qué provincia le sigue?
28. Dé el número total de luteranos en el Canadá.
29. ¿Quiénes son los dukhobors?
30. ¿En qué lugar del Canadá se establecieron?
31. Descríbalos.
32. ¿Cuántos de esta secta están ahora en el Canadá?
33. Señale el número de menonitas en el Canadá.

Nos agradaría recibir noticias suyas.
Por favor, envíe sus comentarios sobre este libro
a la dirección que aparece a continuación.
Muchas gracias.

Vida@zondervan.com

www.editorialvida.com